JN403677

다른 시간에 관한 몽상

김근 시론 **다른 시간에 관한 몽상**

2025년 8월 15일 1판 1쇄 펴냄

글 김근
편집디자인 책마을해리

펴낸곳 도서출판 기역 | **출판등록** 2010년 8월 2일(제313-2010-236)
주소 경기도 파주시 회동길 363-8 출판도시 | 전북 고창군 해리면 월봉성산길 88 책마을해리
전화 070-4175-0914 | **전송** 070-4209-1709

ⓒ 김근, 2025

ISBN 979-11-94533-12-2 (03810)

FSC 이 책은 친환경 재생용지로 만들었습니다.

김근 시론

다른 시간에 관한 몽상

다시 길을 떠나야 하는

시에 관한 산문들을 모았다. 대부분 지면에 발표한 글이고, 「소설 분서」는 「분서」 연작을 마치고 난 뒤에 그 시들을 모아 소설로 풀어본 작품이다. 「망각에서 다시 기억으로」는 박사학위 논문의 일부를 산문으로 고쳐 실었다.

시론을 의식하고 시를 쓰지는 않았다. 시론은 언제나 사후적이다. 시론이 써지는 순간 시는 또 그 시론을 저만치 벗어나 있다. 이것이 시론의 운명이다. 그럼에도 나는 내 시의 정체성에 대해 끊임없이 고심할 수밖에 없었다. 때로는 대거리처럼 때로는 변명처럼 때로는 자의식에 깊이 침잠한 채 고민하고 몸부림쳤던 흔적들이 여기 모여 있는 셈이다. 부끄럽지만 이 또한 내 시의 일부라고 여길 수밖에 없다. 이 모든 것들을 짊어지고 다시 길을 떠나야 하는 게 나의 내 시의 운명이라면 운명이다.

나로서는 지난했던 이 여정 속에서 독자들이 내가 미처 발견하지 못한 것들을 발견하면 좋겠다. 마구마구 상상하면 좋겠다. 그런 질료가 될 수 있다면 이 글들을 묶는 내게는 커다란 보람이겠다.

2025년 8월

김근

| 차례 |

004 ······ **펴내는글**

009 ······ 나의 첫,

019 ······ 시를 위한 흐물거리는 각주

026 ······ 죽은 나무

031 ······ 두 물 사이

046 ······ 우물이 말을 한다 어제의 말을 한다

048 ······ 기억에 대해 이야기해보랴?

059 ······ 다른 시간에 관한 몽상

065 ······ 귀신이 온다

070 ······ 시에 대한 10개의 메모

075 ······ 그 여름, 세 편의 몸부림 혹은 창작노트

083 ······ 우연과 즉흥의 역설

086 ······ <시작노트> 1

088 ······ <시작노트> 2

089 ······ <시작노트> 3

091 ······ 망각에서 새로운 기억으로

113 ······ 더디 가는 자를 위한 변명

짧은소설

127 ······ 소설 분서(焚書)

짧은인터뷰

161 ······ 구름극장에서 만났던 뱀소년 이제 어디로 외출하려는가

180 ······ 아름다운 혼잡 속으로

나의 첫,

동시집을 제외하면 내가 처음 읽은 시집은 김소월의 시집이다. 읽었다기보다는 보았다는 말이 더 적확하겠다. 그림이 많은 시집이었다. 무엇보다 전 페이지에 걸쳐 컬러로 인쇄된 그림들이 가득 차 있는 시집이었다. 1981년에 개선문출판사에서 발간된 이 시집의 제목은 『김소월의 명시』인데, 표지의 제목 위에는 '칼라판 한국의 명시 선집'이라는 시리즈명이 인쇄돼 있다. 출처나 화가 이름, 그림의 제목도 밝혀져 있지 않은 낭만주의풍의 인물화, 풍경화와 정물화가 한 점씩 본문 페이지 상단을 채우고 있고, 시가 인쇄된 부분은 2도로 인쇄된 또 다른 그림들이 배경으로 옅게 깔려 있다. 그림들은 20여 점 정도인데, 불규칙적인 패턴을 반복하며 페이지를 채우고 있다. 아마도 시와 어울릴 만한 그림을 시에 맞게 배치한 결과로 보인다. 책은 총 154쪽인데, 김소월의 시는 125쪽까지만 게재돼 있고, 책의 후반부에는 편집상의 아무런 설명 없이 노천명, 김영랑, 오상순, 윤동주, 모윤숙, 이육사, 한용운, 이상화, 김안서, 조지훈, 이은상, 서정주, 주요한, 변영로의 시가 한 편 또는 여러 편이, 책의 마지막까지 실려 있다. 딱히 애지중지랄 것은 없지만, 그동안 여기저기 해지고 때가 묻어 아주 삭아 부스러져버리지나 않을까 해서, 지금은 서재 진열장에 보관하고 있다.

내가 이 시집을 처음 접하게 된 건 1982년 여름이었다. 외갓집에서였고, 당시 방위 근무를 하던 넷째 외삼촌의 책장에서였다. 그 여름방학을 나는 왜 외갓집에서 지내게 되었는지 기억나지는 않는다. 서울에서 전학 온 지 채 6개월도 되지 않았을 때였다. 전교생이 180여 명 정도 되는 조그만 시골 학교 학생들은 서로 어느 집 숟가락이 몇 개인지 빠삭할 정도로 모두가 아는 사이였다. 나 혼자만 낯설고 나 혼자만 두드러지는 게 어쩌면 당연한 일이었다. 학교에 친구에 선배들에 적응하느라 힘들었던 한 학기를 겨우겨우 보내고 처음 맞는 방학이었다. 어린 내게도 조금쯤 긴장을 풀 여유가 생긴 셈이었다. 그래서 익숙한 외갓집에 오게 되었는지 모른다.

외갓집 동네에는 나이가 한 살 위인, 우리가 '꼬마삼촌'이라고 부르던 외가 쪽 친척 삼촌이 둘이나 있었는데, 그 삼촌들하고면 동네 아이들과 어울려 노는 것은 문제도 아니었다. 늘 그 삼촌들이 한 살 어린 조카의 든든한 '빽'을 자처했으니 말이다. 아침 밥숟가락 놓고 난 뒤부터 온 동네 구석구석을 뛰어다니며 온갖 놀이를 하느라 해가 지는 줄도 몰랐다. 그게 매일의 일과였다. 아마도 나는 새까맣게 타서 영락없는 시골아이의 모습이었을 것이다. 그리고, 저녁을 먹고 나서는 방위 근무를 마치고 퇴근한 넷째 외삼촌의 기타 연주에 맞춰 다섯째 삼촌과 함께 밤늦게까지 노래를 부르기도 했다. 시집의 주인이기도 했던 넷째 삼촌은 국립대 국어국문학과에 합격했지만, 등록금 때문에 대학을 포기한 전력이 있었고, 연애편지를 스무 장씩이나 써 보내기도 하는 청년이었다.

그날 나는 어쩌다가 외삼촌의 낡은 책상 위에 얹어진 2층짜리 작은 책장에 눈길을 보냈을까? 그날도 어김없이 외할아버지 정원에는 꽃들이 만발했다. 너른 마당을 반이나 차지하고 있는, 정원이라기보다는 꽃밭이라는 이름이 더 어울릴 외할아버지의 정원에는 패랭이꽃, 달리아, 나팔꽃, 백일홍, 접시꽃, 맨드라미, 무궁화, 배롱나무, 분꽃, 장미, 천일홍, 봉숭아, 상사화, 금잔화, 채송화, 작약 등 이름도 다 불러보기 힘들 만큼 많은 꽃이 자라고 있었다. 꽃들은 무질서하게 심어져 저마다 다른 키와 꽃송이들을 뽐내고 있었다. 그중 외할아버지가 '호랑이꽃'이라고 부르던 산나리는 가장 눈에 잘 띄는 마당 쪽에서 검은 반점이 박힌 샛노란 꽃 몇 송이를 달고 도도하게 서 있었다. 나는 호랑이꽃이 어쩐지 징그럽다고 생각했다. 그쪽으로는 눈도 주지 않았다. 꽃들은 오후의 빛 속에서 한껏 선명하게 제 존재를 드러냈다가 점점 저녁에 가까워질수록 풍부해진 빛 속으로 몸을 던지는 것처럼 보였다. 넘치는 빛 무더기 속에서 꽃들은 제 색깔의 경계를 벗어나 색깔들을 마구 뱉어내고 있었다. 색깔들은 빛살들과 버무려져 서로 몸을 섞었다.

꽃과 꽃의, 색깔과 색깔의 구분들이 기우는 빛 속으로 시나브로 사라져갔다. 그런 꽃밭을 망연히 보고 있었다. 약간의 어지럼증이 느껴졌다. 산나리꽃도 서서히 그 빛과 색의 향연 속으로 섞여 들어가 호랑이꽃이라는 별명도 징그러움도 어느새 사라져버렸다. 그런 날이었다.

꼬마삼촌들이 그날따라 다른 일이 있어 나와 함께 놀아주지 못했을지 모른다. 그 하루가 무척이나 길게 느껴졌을 것이다. 외할아버지의 부채 바람 아래서 아무리 낮잠을 자도 시간은 조금밖에 흘러가지 않았다. 외갓집에는 열한 살짜리 아이가 가지고 놀 만한 것이라곤 거의 없었다. 그날 오후 내내 어쩌면 뒤뜰 커다란 감나무 고목에서 쓰르라미라도 지루하게 울고 있었을지 모른다. 그 높고 날카롭게 반복되는 울음소리가 외면했던 마음 한켠의 초조함을 찔러왔을지 모른다. 방학이 끝나가고 있었다. 그리고 황혼. 황혼빛이 방안에 밀려 들어오자 밀린 방학 숙제와 밀린 일기 쓰기에 대한 걱정이 하필이면 그날 오후 한꺼번에 떠올랐을지 모른다. 지루함과 초조함이 마음속에서 복잡하게 뒤섞였을 것이다. 나는 어쩔 줄을 몰라 했을 것이다. 이마에 식은땀이라도 송송 맺혔을지도 모를 일이다. 그 때문이었나. 내가 삼촌의 책장에 손을 댄 것은.

그 시집에 가장 눈길이 간 것은 아마도 김소월이라는 이름이 익숙한 탓이었을 것이다. 나는 시인이 무엇인 줄도 몰랐지만, 김소월이 시인인 줄은 알고 있었다. 농부의 아내인 어머니는 처녀 때 양장학원에 다니며 소설책을 즐겨 읽곤 했다는데, 종종 정몽주의 「단심가」나 이방원의 「하여가」 같은 시조를 외워 내게 들려주었다. 시조는 아니었지만, 어머니가 외워 들려준 작품 중에는 김소월의 「진달래꽃」도 있었다. 나도 자연스럽게 그 시를 외고 있었다. 김소월이 누구인지도 그 시가 어떤 의미인지도 알 리 없었지만, 시는 오래 입은 옷처럼 무척 익숙해져 있었다. 그 때문이었을 것이다. 분명. 책을 펼치자 첫 페이지에 그 「진달래꽃」이 보였다. 그전까지 그 시의 행연을 본 적이 없었지만, 외우던 시의 호흡에 딱 들어맞게 행과 연이 나뉘어 있어서 시의 행과 연의 구분은 전혀 낯설지 않았다. 그러나 정작 그 책에서 내 눈길을 사로잡은 것은 그림들이었다. 그림들은 어딘지 이상하고 쓸쓸하게 느껴졌다. 그림의 풍경들은 내가 한

번도 가보지 못한 멀고 먼 데로 나를 데려가는 듯했다. 그림들 사이에는 나를 잡아끄는 그림이 한 점 있었는데, 그것은 한 여성이 벌거벗은 채 모로 누워 있는 그림이었다. 똑바로 보지도 못하고 나는 그 그림을 힐끗거렸는데 여자의 눈이 자꾸만 나를 보는 것 같아 얼굴이 홧홧하게 달아올랐다. 누가 볼까 얼른 그 페이지를 닫았다가도 얼른 다시 펼쳐보기를 반복하였다. 처음 느껴보는 이상한 흥분이 온몸에 짜릿하게 퍼졌다. 얼마간의 시간이 지나서야 흥분은 조금씩 가라앉았다. 그제야 그 시라는 것이 눈에 들어오기 시작했다. 나는 책의 여기저기를 펼쳐 거기 인쇄된 시들을 조금씩 읽어보았다. 그렇게 아무렇게나 책을 펼쳐보던 중이었는데, 읽는 둥 마는 둥 하는 중이었는데, 유독 한 페이지에 눈길이 오래 머물러, 좀처럼 떠나지를, 않았다. 거기 「초혼」이 있었다.

"산산이 부서진 이름이여!/허공 중에 헤어진 이름이여!/불러도 주인 없는 이름이여!/부르다가 내가 죽을 이름이여!"

1연을 눈으로 읽자니 이상한 기분이 들었다. 다시 소리 내어 읽어보았다. 더 이상한 기분이 들었다. 시를 읽어 내려가는 내내 조금씩 발이 바닥에서 떠오르는 게 느껴졌다. 시를 다 읽고 나자 내가 지금껏 장황하게 늘어놓았던 그 여름의 모든 감각들, 전학과 외갓집과 여름과 숙제와 일기와 소외감과 초조함과 지루함과 이상한 흥분과 꽃들과 색깔들과 빛들과 외할아버지와 외삼촌과 꼬마삼촌들과 어머니와 어머니가 들려주던 시들이 그 작은 방안에 한꺼번에 몰아닥쳐 내 몸을 한껏 밀어 올리는 것 같았다. 분명 방이었는데, 황혼이 조금씩 빛을 잃어 어둑해져가는 방이었는데, 내 몸은, 그때까지 내가 본 가장 높은 높이, 비행기가 제 흔적을 하늘에 하얗게 남기고 간 그 높이도 훌쩍 넘어서, 둥둥 떠오르기만, 떠올라 그 모든 것들 너머로 가기만 하는, 가도 영영 못 돌아올 것 같은 아득한 느낌에 사로잡혔다. '초혼'이 무슨 뜻인지 알 리 없었다. 그것이 죽음과 사랑, 영원 같은 것들을 담은 시라는 것은 더더욱 알았을 리 없었다. 다만 내가 읽을 때 불러일으켜진 리듬과 리듬이 일으킨 한번도 경험해보지 못한 감정과 그 감정이 내 가슴에 부려놓은 울림들이 그렇게 느끼도록 했을 것이라는 짐작만 지금 할 뿐이다. 그것이 나의 첫 시에 대한 경험이다. 그때는 내가 시를 쓰게 될 줄은 상상도 못 했지만, 시와의 첫 만남은 그토록 강렬했더랬다.

그 여름방학 이후 나는 『김소월의 명시』라는 책을 갖고 있게 되었다. 외삼촌을 졸라 그 책을 가져왔는지 아니면 몰래 그 책장에서 훔쳐왔는지는 기억나지 않는다. 훔쳤다면 지금이라도 사과해야겠다. 그 책을 끝까지 다 읽게 된 건 한참 후의 일이다. 김소월 시를 본격적으로 탐독한 건 물론 더 한참 후의 일이다. 내가 시를 쓰기로 마음먹은 게 김소월을 만난 그해 여름의 기억 때문만이라고는 확신할 수 없지만, 그 기억 덕분에 의미보다는 내 속에서 불러일으켜지는 감각과 울림을 중심으로 시를 읽는 버릇이 생겼음을 부인할 수는 없다. 시 쓰기 역시 그렇다. 내 시가 의미 이전에 누군가의 가슴에 강렬한 감각과 울림의 경험을 먼저 불러일으켜 주길 항상 소망한다. 이후 김소월을 읽으면서 김소월의 훨씬 더 많은 매력을 발견하게 되었지만, 지금도 이따금 「초혼」을 읽으면 그때 모든 시간의 감각들이 내 몸을 감싸는 것은 어쩔 도리가 없다. "사랑하던 그 사람이여!/사랑하던 그 사람이여!" 시는 마지막 애타는 부름이 끝내 사라져간 지평 너머로 나를 이끌고 간다. 아직도 김소월은 내게 그런 시인이다. 언제까지고 그런 시인일 것이다.

시를 위한 흐물거리는 각주

1) 태몽은 모른다. 이미 돌아간 할아비가 태몽을 꾸었다고 어미가 전하지만, 설핏 꿈에 닭이 노닥거렸단 것밖엔 들은 바가 없다. 잉어가 품안으로 달려들었다거나 곱상하고 신비로운 아해 하나가 복숭아를 전해주었다거나 마른 못에서 용 한 마리가 솟구쳐 하늘로 올라갔다는 이야기 따위야 모두 남의 이야기다. 돌아간 할아비의 멧장을 들추고 물어볼 수도 없을 바에야 태몽 따위야 있어도 그만 없어도 그만인, 살면서 옷가지에 붙은 티끌처럼이나 생각해버리고 말 법도 하지만 그럴 수 없어지는 것이 참 희한하다. 해서 나는 내 태몽을 꾸미게 되었다. 이렇게도 꾸미고 저렇게도 꾸몄다. 없었던 기억이 있었던 기억이 되는 일은 신기한 일이다. 기억이란 본래 그런 것이다. 기억이 사진이 아

닌 바에야, 혹은 사진처럼 찍혀나온대도, 있었다고 믿는 것 중에서 정말 똑같이 있었던 일은 십 중 대여섯쯤이나 될까 보냐. 해서 나는 수백 가지 태몽을 갖게 되었다. 한데, 그것 참 곤혹스러운 일인 게, 보니, 그것은 수백 사람의 태몽이기도 한 것이다. 애초에 그 자리 비어 있었으므로 수백 사람이 그 빈 자리를 채운들, 나는 아무 불만도 없지만, 채우고 채우고 또 채우고 보면, 나는 어디 있단 말인가, 하는 개뿔 같은 의문만 밤새 고개를 쳐드는 것이 아닌가. 허나 기억도 그럴진대 없었던 내가 수백 사람으로 인해 있어진들 어떠랴, 도 또 생각해보는 것이다. 또 수백 사람의 태몽이라면 또 수천 사람의 태몽은 못 될 것인가, 수만 사람의 태몽은 못 될 것인가, 나 또한 그 수만 사람 중 하나는 아닐 것인가, 그렇게 나는 생각의 꼬리 하나를 잡고 흔들리고 있는 것이다.

2) 태어난 집은 사라졌다. 몇 해 전 몹쓸 놈의 길이 집을 뒤덮고 갔다. 길이 뒤덮고 가기 전에 우리 식구는 집을 황급히 빠져나왔다. 세간도 살았던 모양 그대로 두고 오로

지 몸만 빠져나와 새로 살 집으로 기어들어갔다. 그 집에는 뒤란이 있고 항아리가 하나 묻혀서 된 우물이 있다. 뒤란에는 다글다글 징그러운 붉은 열매들이 열리고 축축한 바닥으로 우산이끼가 도마뱀 비늘처럼 자라났다. 붉은 열매들은 항상 내 입속을 붉게 물들였다. 장독대도 하나 있었는데, 검고 무서운 몸을 빛내는 항아리들 안에는 무슨 장이 발효되는지 알 수 없었다. 얼마큼 구더기가 꿈틀거리는지 알 길 없었다. 해서 한번도 스스로 그 장독들의 뚜껑을 열어 본 적이 없다. 우물에는 이따금 뱀이 기어들어가 빠져 있곤 했다. 그 뱀을 꺼내는 것은 늘 할아비의 몫이었는데, 어미가 그때 어떤 표정을 지었는지는 아무래도 생각나지 않는다. 아비는 그 집에 거의 없었다. 아비 없이도, 였는지, 뱀이 자꾸 우물에 빠진 뒤였는지, 그건 모르겠고, 어미는 그 집에서 자주 유산을 해댔다. 생겨나지 못하고 죽은 아기들은 어디로 갔는지 알 수 없다. 술에 취해 주렁도 버리고 돌아오는 길섶에 쓰러져 있던 증조할아비와 얼굴이 반이나 큰 점에 뒤덮여 오래 벽에 똥칠을 하던 증조할미와 할아비의 끝나지 않은 이야기와 할미의 때마다 행해지는 비손과 측간 어둠 속에서 눈을 빛내던 구렁이 한 마리와 애장터 쪽에서 몰아오던 비와 비에 패이고 패이던 처마 밑 물둠벙과 두꺼비 한 마리 엉금엉금 기어 건너가던 마당 같은 것은 사라졌다. 사라져 없으니 기억하기도 어렵다. 기억하려고 애에 애를 보태 써보지만, 온전히 기억되지 않는다. 앞에 줄줄이 굴비 엮듯 엮어낸 것들 또한 온전하지 않다. 하니 온전하려고 아예 애쓰지도 이젠 않는다. 그것들은 점점 퇴적되고 굳어지고 화석이 되고 나는 그 화석들을 꺼내 복원한다. 한들, 그것이 온전한 공룡이 될 것인지 알 게 뭐란 말인가. 내가 복원해내는 것이 설령 새로운 쥐라기, 백악기인들 누가 뭐라 할 것인가 말이다. 해도 그것이 또 없었다고 누가 말할 것이란 말인가. 아비가 태어난 집은 물속에 있다. 어느 해 여름 물 빠진 저수지를 헤집고 다니다가 뼈다귀 하나를 발견했는데, 그것은 아비가 오래전에 버린 기억의 허연 해골이었더랬다. 새로 어미, 아비와 할미가 사는 집은 촌수도 헤아리기 힘든 고모 김덕룡 씨가 죽어 며칠 동안 장대비에 젖어 불어 있던 집이다.

3) 한때 뛰며 놀며 자랐던 서울 변두리의 판잣집들과 골목들은 사라져 없다. 배꽃 흩날리던 자리엔 고층 아파트들이 우뚝우뚝 일어서 흔들리고 있었던 것인데, 더 말해 무엇하랴. 사라지는 것들은 다 어미다. 사라졌으므로 사라진 것들은 다 신화다.

4) 자연으로 옛날로 돌아갈 수 있다고 믿는 어리석은 자들이 있는 모양이다. 사라지고 없는 것들이 정말 든든하게 우리를 받아줄 것인가. 그들이 날것인 자연과 날것인 옛날들과 싸워봤는지 궁금한데, 그들이야말로 발밑을 받치고 있는 세계가 아직도 견고하다고 믿는 자들일 것이다. 그것은 기억이 온전하다고 믿는 일과 같다. 어느 틈에 부드러운 피부에 싸여 있는 이 세계가 제 피부에 생채기를 내어 시뻘건 속살을 보여줄 때 그들은 기절초풍하고만 말 것인가. 자연과 옛날과 사라진 것들을 뒤집어보지 않고서 어떻게 그들은 이 세계의 비의를 손톱의 때만큼이라도 볼 수 있다고 장담하고 있는 것인가. 어미에게 돌아간들 이미 쭈글쭈글 천만 개 주름을 단 자궁일밖에. 어하리 넘차 어어허.

5) 《삼국유사》 의해편, 〈사복불언(蛇福不言)〉. 사복(蛇福)은 사복(蛇伏), 사파(蛇巴) 혹은 사동(蛇童)으로 불리나 모두 '뱀아이'다. 그가 뱀의 형상을 하고 있었는지는 《삼국유사》에서 확인되지 않는다. 그가 외출했는지도 확인할 길 없지만, 죽은 어미를 장사지내기 위하여 원효에게 찾아간 것만은 분명한 듯 보인다. 열두 살이 될 때까지, 아비 없이 과부의 몸에서 태어난 이 아이는 오직 바닥에 누워만 있었다. 는데, 그가 원효에게 찾아가는 길은 구렁덩덩신선비가 제 아내에게 허물을 맡기고 과거를 보러 가는 길 같지 않았겠는가. 시간이나 공간 따위가 거기 정해져 존재한다고 말할 수 없다. 그가 끈적거리는 폐수처럼 사람들이 흘러 다니는 종로 바닥을 와보지 않았다고 누가 얘기할 것인가. 그때 모든 사물과 세계가 제 본디 형상을 갖추고 있었는지도 알 수 없다. 해도, 사복이 죽은 어미를 지고 띠풀을 뽑아 연화장으로 마침내 들어가기 전까지 구렁덩덩신선비가 뒤늦게 찾아온 본처와 함께 구멍 속 세계에서 행복하기 전까지, 그러니까 딱 그전까지만, 시다.

6) 노래로 가는 길은 멀다. 온통 흐물거린다.

죽은 나무

할미는 알약을 세어본다 문풍지 바깥으로 눈보라 거세고 방안엔 동그란 햇빛 햇빛을 핥아먹고 하얀 알약들 무장무장 늘어가고 할미는 오늘이 어제인지 알지 못한다 짓무른 눈 속으로 나비 한 마리 날아가고 할미는 알약을 한 움큼 삼킨다 줄지 않는 알약들 할미는 봄처럼 노곤해지고 아지랑이 아지랑이 방안의 모든 모서리들이 일그러지고 문득, 할미는 물기 없는 제 가랭이가 가렵다 스멀스멀 가랭이 사이로 기어나오는 하얀 벌레들 벌레들이 방안을 가득 채운다 약을 먹고 내가 버러지를 낳았나 버러지가 나비가 되나 호호호호 이도 없는 입으로 할미가 한번 웃자 일제히 구겨지는 천 개 주름살 헐거운 제 가랭이를 할미는 들여다본다 에휴 몇 밤만 자고 나면 가랭이 사이로 자식들이 멀쩡하게 걸어나왔니라 눈보라 그치고 할미의 몸

뚱이가 자꾸 동그랗게 말린다 말려서 할미는 제 가랭이 열고
아주 들어가 버린다 들어가서 나오지 않는다

눈 뜨자마자 할미는 알약을 세어본다
우두커니 서 있는 죽은 나무 한 그루

—「죽은 나무」 전문

어릴 적에 세계의 민화를 모아놓은 책이 한 권 있었다. 어느 나라 민화인지는 기억나지 않지만, 사람이 비로소 늙어 죽게 된 이야기라는 것만 기억난다. 민화에 따르면, 사람은 본래 늙기는 했지만 죽지는 않았다고 한다. 늙어 현재의 몸이 더 이상 쓸모없어지게 되면 사람들은 늙은 몸의 껍질을 벗었다. 늙은 몸의 껍질 안에는 싱싱하고 젊은 몸이 들어 있었다.

할미에게는 손자가 하나 있었다. 손자는 할미를 무척 좋아했다. 할미는 100살이 되었다. 지금 걸치고 있는 몸은 이미 늙고 쭈글쭈글해졌다. 할미는 어느 날 새벽 손자 몰래 강가로 가 늙고 쭈글쭈글한 껍질을 벗어 강물에 띄워 보냈

다. 손자가 깨어나 할미를 찾았다. 할미는 젊고 싱싱한 새 몸과 새 얼굴로 손자 앞에 나아갔다. 손자는 조금 어리둥절해하다가 이내 울음을 터뜨렸다. 제 할미가 아니라는 것이다. 할미는 제 품으로부터 달아나는 손자의 뒷모습을 보면서 생각에 잠겼다. 생각 끝에 할미는 다시 강가로 갔다. 제 몸 껍질은 이미 거기 없었다. 할미는 강을 따라 내려갔다. 다행히 얼마 떨어지지 않은 곳에서 바위에 걸쳐진 제 몸 껍질을 발견할 수 있었다. 할미는 벗었던 껍질을 다시 뒤집어썼다. 집으로 돌아온 할미를 그제야 손자가 알아보고 좋아라 했다. 할미는 손자를 위해 젊음 대신에 늙은 할미를 선택했다. 그때부터 사람들은 껍질을 벗지 못하고 늙은 채로 죽어갔다고 민화는 전한다.

어느 해 구례의 친구 집에 갔을 때, 나는 이 민화를 떠올렸다. 아랫집에 친구의 외할머니가 혼자 사시는 모양이었다. 그이는 꼬부랑꼬부랑 걸어와 친구에게 잔소리를 해댔다. "나무 좀 비어야!" 집 뒤에 밤나무 한 그루가 오래전에 죽어 있었단다. 그이는 그게 흉물스럽다며 벌써 오래전부터 그 나무를 베어버리라고 했던가 보다. 아닌 게 아니라

초록잎이 무성한 나무들 사이 그 죽은 나무는 시커멓게 풍경을 가르고 있었다. 저세상으로 가는 길고 긴 길이라도 되는 듯이.

친구는 제 외할머니의 다른 이야기도 전했다. 얼마 전 백내장이 와서 병원에 갔더니 웬만하면 그냥 사시라고 젊은 의사가 말했던가 보았다. 그이는 노발대발하며 서울에 있는 자식들을 불러내려 수술을 해달라고 졸랐다 한다. 그렇지 않아도 그이는 노환이 와서 아침이면 약 먹는 일을 무슨 의식을 치르듯 한다고 했다. 얼핏 본 그이의 주름진 눈꺼풀 속 눈동자가 무섭게 삶을 부여잡고 있는 것처럼 보여서 나는 금방 외면하고 말았다. 그럼에도 그이의 몸이야말로 여러 명의 자식과 손자손녀들이 빌어 태어난 몸 아닌가, 하는 생각에 이르면 잠시 숙연한 마음이 들기도 했다. 그이는 할 수만 있다면 제 몸을 빌어 다시 태어나고 싶었던 것인지도 모른다. 태어나기도 이전으로 돌아가고 싶었는지도 모른다. 죽음 없이 삶만 끝없이 반복하고 싶었는지도.

민화에서처럼 늙은 몸을 벗을 수 있다면 그이는 그렇게 했을 것이라는 생각이 들었다. 그러나 죽음 없이 영원히 사는 삶이란 또 얼마나 지루할 것인가. 여행의 끝이 비로소 돌아옴이듯 삶의 긴 여행의 끝은 죽음이라는 돌아옴 아닐 것인가. 민화에서 낡은 몸의 껍질을 벗은 삶은 그러나 이전의 삶이 지속되는 것처럼 보이지 않는다. 껍질을 벗는다는 것은 죽음을 경험하는 것인지 모른다. 죽음을 통해 다시 태어난 새로운 몸은 이전과는 전혀 다른 삶을 살았을 것이 분명하다.

돌아오기 전에 나는 죽은 나무의 껍질을 살짝 벗겨내 보았다. 나무 안에는 매미유충과 다른 많은 벌레가 꿈틀꿈틀 살고 있었다. 그 뒤에 친구의 외할머니가 자신의 몸을 벗어 다른 생명에게 내주고 새로운 삶으로 옮겨갔는지는 아직 전해 듣지 못했다.

두 물 사이

한 물

우물이 하나 있었더랬는데, 어린아이 팔로 한 아름이나 될 만큼만 뚫려 뒤란의 손바닥만 한 하늘을 더 조그맣게 일렁거리며 고요하며 검은 채로 혹은 맑은 채로 비치고 있었다. 항아리가 하나 묻혀 된 우물 안쪽은 항아리 속이었는데 밑바닥이 조금 깨어진 틈으로 뽀글뽀글 물이 솟아 나왔다. 장마든 가뭄이든 아랑곳없이 좀 많이 퍼내거나 내버려 두거나에도 관계없이 보타들거나 넘치지도 않고 항상 그 자리에서 찰랑찰랑거리기만 했다. 한번 맛보고는 다시 맛보지 않을 수 없어 수십 리 밖에서도 물을 푸러 오는 이들도 종종 있어 물에 무슨 아편 가루라도 섞였나 삼 이파리라도 빠뜨려졌나 갸웃거리기는 최근 일이다. 그런가 하면 동지선달에는 김이 모락모락 올라오고 오뉴월 땡볕에는 잠시잠깐이라도 손을 담가둘라치면 손에 얼음이 박이는 것처럼 차가워 재빨리 손을 빼기가 일쑤였다. 우물의 속내가 못내 궁금했다 해도 항아리를 들어내고 밑바닥의 내력까지 파헤칠 수는 없는 노릇이었으니, 예닐곱 살짜리 키만도 안 되는 우물의 깊이가 도무지 알 수 없는 깊이로 되어 고걸 퍼내고 마시고 바라보는 자의 눈 속에도 똑 그만큼의 깊이를 만들어주었는지 어쨌는지는 알 길 없다. 집이 지어지고 우물이 생겼는지 우물이 생긴 연후에야 집이 지어졌는지 그 또한 알 수 없어, 어린 나는 동그랗게 파문이 이는 물결에나 제 일그러지는 얼굴을 비추고나 있었더랬다.

사실 우물이 비춘 것은 내 못생긴 얼굴만은 아니었는데, 봄이면 때까치들을 불러 모으는 앵두며 포리똥의 그 다글다글한 붉은 열매들을 비추었고 혹은 몇 알을 받아들이고 했을뿐더러 기억도 안 나는 시절 더 어린 내가 산에서 꺾어다 심어놓았는데 글쎄 죽지도 않고 해마다 탐스럽게 징그럽게 하얀 꽃을 토해내던 박태기꽃나무도 비추었다. 언제부터 묵었는지도 모를 장과 젓갈이 한가득씩 들어 있는 항아리들과 그 장독대 한곁에 아버지보다 나이 어린 막내 종조부가 수십 년 전에 심어놓았다는, 할머니가 해마다 베어도 베어도 다시 싱싱하고 푸른 줄기를 쑥쑥 내밀어 장독대에 그늘을 만들던 새끼 단풍의 끌텅과 뒤란으로 벽을 잇대어 만들어놓은 외양간 슬레이트 지붕에 돋아나던 여리여리한 이름도 알 수 없는 버섯 무더기와 그 외양간 벽 아래 축축한 흙자리 징글징글하게 제 푸르딩딩한 영역을 넓히던 우산이끼들과 뒤란 너머 비탈진 산을 오르면 여름 아침 이슬을 날개에 달고 온 숲 이파리마다 붙어 있던 새빨간 고추잠자리들과 어느 날 할아버지가 산에 나무하러 갔다가 잡아 와 푹푹 고아서 싹싹 발라먹고 난 뒤 그 껍질을 소에게 한번 밟아보라고 던져주었던 남생이 한 마리와 또 어느 날 아버지가 어디선가 지게 작대기로 몰고 와 바구니 안에 가둬뒀다가 또 언제 도망쳤는지도 모르게 사라져버린 고슴도치 한 마리와 겨울마다 잡긴 잡아도 또 다음 겨울이 되기 전까지 온전히 집에 붙잡아두지 못했던 산토끼 몇 마리와 이따금 찾아들어 우물가에서 고개를 앞뒤로 흔들거리며 물을 먹던 할미새와 아침잠을 깨우던 다 셀 수도 없이 시끄럽게 떠들어대며 뒤란 이 나무 저 나무 그물 치듯 옮겨 다니던 참새떼와 어스름 녘이면 서까래 틈에서 빠져나와 푸르스름한 저녁 하늘을 시커멓고 어지럽게 날아다니던 박쥐들도 비추긴 비추었다. 우물은 내가 서른이 다 되도록 비추고 비추고 비추더니 느닷없이 집과 함께 자취를 감춰버렸다. 마치 처음부터 아예 존재하지도 않았던 것처럼. 하니 그때까지 우물에 비치던 내 삶이 살았던 삶인지 아닌지 알지 못하게 되어버렸다.

한데, 그 어떤 삶 몇 개는 거기 비치지 못해 사는 것이었는지 혹은 죽은 것이었는지 혹은 꿈에서나 사는 것이었는지도 모르게 되어버린 시간의 한 솔기도 있으니, 이를테면, 나는 꽤 오래까지 말을 제법 나부릴 때까지, 어머니가 내 전에도 내 뒤에도 유산을 많이 해서 항상 젖이 돌았던 탓인지도 알 수 없이 하여간, 젖을 빨았더랬는데, 그 젖을 빨 무렵에도 어머니는 가끔 집에서 사라지는 일이 잦았더랬다. 그러다 아무 소식 없이 느닷없이 우물 쪽에 나타나 빨래를 하고 있었더니, 잠에 잠에 잠만 자던 이제 막 걸음마나 겨우 하던 나는 부엌문을 넘어 우물가에서 꽉꽉 빨래를 주무르는 어머니 커다란 등을 발견하고는, 엄마 젖 좀, 젖 좀, 하고 엎드려 잠이 솔솔 아직도 내려앉아 떠나지 않은 눈꺼풀을 열고 말을 했더랬는데, 그때 어머니는 무서운 눈으로 나를 일별하고 다시 빨래 주무르기에 열중만 하던 오후, 그런 때 같은 건 짐작키로 우물이 비추지 않았을 것이라는 것이다.

또 한 물

내가 태어난 마을 이름이 조산이었고 아버지가 태어난 마을도 조산이었으나 내가 태어난 조산과 아버지가 태어난 조산의 터는 전혀 달랐다. 원 조산은 저수지에 수몰되고 이름만 물 밖으로 올라와 본래 하말치라고 불리던 마을의 이름을 먹어치워 버리고 조산으로 불리게 되었다(그 바람에 상말치는 '상'자를 떼어버리고 그냥 말치가 되었다. 말치란 어림으로 짐작해보건대 '마을'의 다른 이름일 텐데, 일테면 그래서 '상말치' '하말치'는 윗말, 아랫말 정도로 번역되어 들리게 되었던 것이었으나, '상'자를 떼어버린 말치는 그러므로 고유명사라기보다는 그저 보통명사화해서 이름의 맛이 영 심심해져버렸다는 또 다른 내력도 있다. 그 주변

엔 희한하고 신기한 마을과 골짜기 이름이 있었는데, 열거하자면, 돌모랭이, 까창골, 안꾸서기, 응달, 서당매, 애기테, 배남잿이 등이다. 이 중 몇몇은 마을 이름이고 몇몇은 이름에서도 대충은 알 수 있듯이 골짜기 이름이고 또 몇몇은 집이 한 채나 두 채 겨우 있는 마을의 한 부분을 일러 부르는 이름이기도 하다. 몇몇은 뜻을 짐작해볼 수 있는 것도 있으나 그 연원이 도대체 어디서부터 왔는지 도무지 알 수 없는 것이 거의 다여서, 뭐 뜻을 따지고 어쩌고 하기 전부터 이미 입에 익어온 것이라, 실은 그런 연원 따위는 생각해보지도 않고 불렀을 따름인데, 딱 한 번 이름에 대한 논쟁이 있었던 때가 있었다. 안꾸서기에 과부 하나가 서씨 재각을 지키며 살고 있었더랬는데, 웬 늙수그레한 사내 하나가 서씨 며느리 그 과부와 살러 그 조산 '안 구석'까지 들어왔던 때가 있었다. 뭐 그 과부 아들이 몇 년 만에 어머니를 보러 왔다가 그 사내 얘기를 듣고 안꾸서기 올라가는 길 초입에서 발길을 돌려 그 길로 다시 떠나버렸단 얘기는 할 것까지는 없고, 그 중늙은이 사내가 까닭도 모르게 까창골을 자꾸 까치골이라고 부르곤 하였는데, 마을 사람들은 그 서울식 지명 변경에 적잖이 반발심을 가지고는 있었지만, 그렇다고 그 속내를 내발기지는 못하고 있던 터였다가, 한번 동네 어른 하나가 울컥하며 소리치길, 까치골이 아니라 까창골이여. 어디 근본도 없는 이름을 갖다가는 까창골에 붙여대는 것이여? 했으나, 그 중늙은이 사내가 이름의 연원을 묻자 쭈뼛쭈뼛 대답을 못 하고 휑 하고 옷자락 퍼드덕이며 어물쩡 돌아서 버리는 바람에 그 이름 논쟁은 유야무야되고 말았는데, 그런 일은 드물고 드문 일이었다). 조산이 수몰된 때는 1950년대 말이었다. 사람들은 그 공사에 동원되어 몇이 죽었다고 아이들 몰래 수군거렸는데, 그 수군거림에는 알 수 없는 비밀들이 숨겨져 있을 거라고 어릴 적에는 생각하다가 금세 말았다. 조산 마을 입구에는 비석이 하나 세워져 있었으니, 이름하여 토벌대장 비석이었다. 시멘트로 얼기설기 급하게 찍어낸 그 비석은 왠지 모르게 사람을 주눅 들게 하는 구석이 있었으나 새마을 깃발을 들고 등교하는 아이들에게 거기는 그저 입간판 같은 역할이나 하고 말게 된 지 오래였더랬다.

그 이름이 어기적어기적 기어올라와 하말치란 이름을 먹어버린 조산은 세 물길이 만나는 비옥한 땅이었다고 어른들은 전하곤 하였다. 물이 차고 조산 사람들이 다 물 밖으로 올라왔는지 어쨌는지는 알 수 없었는데, 그래서였는지는 몰라도, 저수지는 신비했더랬는데, 여름 아침, 다 허물어져가는 봉분 몇 개 품고 있는 언덕 오솔길로 등교하다 보면,

물안개가 너른 수면의 여기저기서 피어올라, 그 물의 몸은 신령스런 어떤 것이 되어 감춰져 버리곤 하였는데, 그 물안개 틈 사이로 얼핏 보이는 검푸른 빛, 그 안으로 나는 자꾸 빨려만 가고 싶어졌더랬는데,

실은 자주 할아버지와 아버지의 불화로 잦았던 집안싸움의 한 아침에는, 내가 죽어야지, 중얼거렸더랬는데, 내가 죽으면 그 모든 싸움의 고리를 끊어버릴 것 같아 그 검푸른 빛 안으로 뛰어들까도 몇 번이나 생각에 생각을 하곤 했었으나, 예의 그 언덕에서 그 심연을 알 수 없을 것 같은 물안개까지는 너무 멀어, 꿈속 같으면 훌쩍 뛰어 거기까지 닿았겠지만서도(꿈은 자주 꾸어졌다. 마을에서도 맨 윗부분에 자리잡고 있는, 물론 안꾸서기는 우리 집보다는 훨씬 위였지만 거기는 그 서씨네 재각과 과부가 사는 집 한 채였는 데다 그 집은 저수지를 바라고 있는 것이 아니라 산 쪽 대숲을 향해 문이 나 있었으므로 저수지를 바라고 있는 집 중에는 가장 위쪽에 위치하고 있는, 우리 집 툇마루에서 뛰어오르면 마을의 집들과 논들을 낮게 미끄러지듯이 활공해 저수지 수면까지 닿는, 닿았다가는 그 검푸른 물이 가슴에 닿기 전에 마치 날개라도 되는 듯이 팔을 흔들어 활개를 치며 점점 위쪽으로

떠오르곤 하던 꿈 말이다), 그러지는 못하고 힘겨운 발걸음을 옮겨 학교로 가곤 했었다.

여름이 되어갈 무렵이면 저수지 한 가운데 섬이 하나 생기기 시작했는 바, 처음에는 결코 알아볼 수 없는 한 점이었다가 차츰 고목의 그루터기라는 걸 알게 되는 순간이 지나면 고목을 가운데 두고 섬이, 동그랗게 떠오르기 시작하는 것이었다. 노령산맥의 끝자락 다 늙은 산이 검은 그림자를 드리우고서도 여름 섬이 생겨나는 것을 막지는 못하였다. 물이 빠지기 시작하면서 방학을 맞은 아이들은 물가 물풀들 사이를 쪽대 하나 들고 헤집고 다니면서 새우를 잡곤 하였는데, 토하젓을 담그고도 남을 만큼의 새우가 파닥파닥파닥파닥파다닥 잡혔다. 저물 무렵 물풀들과 둑의 돌 틈 사이에 손을 넣어보면 우렁이 한 부대에 담길 만큼 많이 잡히기도 했거니와, 장마 지나고 둑 뒤편 할미꽃과 패랭이꽃이 지천으로 흐드러지면 아이들은 수풀에 작대기짓을 해 개구리를 또한 반 부대 정도 잡아 허리를 비틀어 윗몸은 떼어낸 뒤에 다리 쪽만 남겨 껍질을 벗긴 뒤 꼬챙이에 걸쳐

구이를 해먹기도 했었다. 그때 아이들이 노래를 불렀는지 저수지에 버려진 개구리들의 수많은 반만 남은 몸들이 홀연 어떻게 안 보이게 되었는지는 알 수 없게 되어버렸다.

어느 장마 가운데, 잊을 수 없는 산빛, 코밑에 수염이 거뭇거뭇 나기 시작한 것은 이미 오래였고 수음쯤은 질리도록 할 나이가 되었을 무렵, 거짓말같이 비가 그치고, 황톳물은 개울을 따라 따라 빨래터도 허물어뜨리며 무섭게시리 저수지 쪽으로 흘러를 가고 있었더랬는 여름, 반짝 햇빛이 늙은 산 위에 비쳐들고 보일 듯 말 듯한 붉은 빛이 저 건너에서부터 나를 향해 쏘아를 오고 있었더랬는데, 그 붉은 빛 때문이었는지 나는 신들린 듯 저수지로 뛰어 들어갔다. 그렇다고는 해도 물속으로 뛰어든 것은 결코 아니어서, 물은 빠질 대로 빠져 섬은 언덕이 되고 언덕 아래 있었던 마을의 겨우 남은 형체들이 이미 드러나 있을 즈음인 데다가, 빠질 대로 빠진 물이 수문 근처에 고여 있었더래서 마을 어른들이 그 좁은 물속에서 파닥파닥 미처 젖은 바닥이나 돌 틈으로 숨어들지 못하고 겨우 숨이나 연명하고 있는 물고기들을 주워 건져간 지도 꽤 시간이 흘렀을 즈음이어서, 다만, 끌고 나온 슬리퍼에 잡아끌듯이 들러붙는 진흙쯤이나 그것이 저수지인지 알려주는 그런 순간, 나는 물속에서도 물이 흘러간 자국을 따라 없는 마을로 달려가고만 있었으나, 그건 마치 제비 몰러 나간다 제비 후리러 나간다, 에서처럼 제법 박자를 갖춘 발걸음이어서 생각컨대 얼굴은 신에 들리고 발걸음이 또한 그러하니 오묘하고 기묘한 모양으로 가고 있었던 모양이다. 본 것은, 유년에도 이후에도 결코 눈여겨보지 결코 않았던 것이었으니, 여직도 물이 똑 퍼내기 좋을 만큼만 고여 있는 공동우물과 마을의 나이를 짐작도 못하게 맹글어버리고 마는 고인돌과 수십 년 물에 잠긴 것 치고는 꽤 멀쩡한 담장과 장독대와 깨어진, 심지어 아직 반이나마 남아 장독대에 기대서 있는 항아리와 절구통과 토방과 주춧돌과 툇마루의 잔해와 그릇들과 상처 하나 없는 요강과 무엇보다 아직 선명한 길과 다 쓸려가지 못한 세간들과 마을 위를 둥둥 떠 날아다녔을 기왓장들과 논과 밭과 같은 것이었더랬다. 죽어 수장된 마을이 내게 무슨 신호를 보내었는지는 알 바 아니었지만, 미친 듯이 샅샅이 밥도 굶고 마을 훑고 다닌 시간이 하루가 다 되어 해가 뉘엿뉘엿 안산으로 지고 땅거미가 깔리기까지였다는 것이, 순간, 신기했더랬다는. 돌아와서는 방바닥에 엎드려 종이에 술술 무엇을 쓰는지도 모르게 써재껴 내려갔는데, 나중에 그건 몇 편의 시가 되었는지 어쨌는지 알 수 없고, 그건 내가 쓰는 것이 아니라 누군가에게 몸을 빌려주어 누군가의 생각과 말을 나도 모르게 받아 적고 있는 것인지나 아닌지 생각할 정도로 넋이 저만치 달아나 좀체 돌아오지 않던 날이었더랬다. 그날 수음을 했는지 안 했는지는 알 길 없고 수음 끝에 다시 큰비가 내려 마당에 깊은 웅덩이를 만들었는지 어쨌는지도 또한 알 길 없고. 도시 사람이 와서 저수지 물이 이상하게 분 날 그때만 해도 귀했던 튜브를 타고 저수지로 들어갔다가 빠져 죽을 뻔한 것을 마을 사람 하나가 들어가 구해 와서는 가슴을 짓이겼더니 꼴락꼴락 물을 토해내며 겨우 살아나서는, 누군가 아래로 끌어 잡아당기더라는 얘기를 허허로이 눈동자를 잃어버리고 해서 사람들이 거기 물귀신이라도 살고 있는 게 아닌가, 하고 두려운 눈으로 물을 바라보았던 어리고 어린 시절의 어렴풋한 기억을 떠올린 건 한참 뒤였더랬다.

그곳은 또한 어머니가 저수지 둑 옆으로 난 길까지 어두워지며 따라와 매달렸는데도 여린 내 손을 뿌리치며 하얀 치마 휘날리며 꽉 조여 묶은 새까만 머리를 찰랑거리며는 그, 대낮에도 도깨비가 나온다는 대산 모퉁이를 돌아 뒤도 안 돌아보고 집을 나가던 어머니를 따라온 할아버지 손에 붙들려 울며불며 부르고 부르던 내력도 숨어 있었던 것인데, 그때 노을은 살모사 새끼처럼이나 하늘의 한 귀퉁이 살을 베어먹고 베어먹고나 있더라는 그런 어둠도 조금쯤은 스며들고 드는 것이어서.

그 사이

주저리주저리 늘어뜨려 본 것은, 본래 간명한 논리로 설명을 하기도 어려운 사람이려니와 말이 한번 흘러나오면 자의로 쉽게 멈춰지지를 않아서 여름날 엿가락 늘어나듯 늘어나 본 것인 이것 말씀인데, 시론도 뭣도 아닌바, 그저 내 시가 처음 태어날 무렵의 이미지들의 마구잡이로 섞인 혼돈스럽기 짝이 없는 한 덩어리 혹은 시가 태어나 그 스스로가 내게 제 근본을 물을 때 대답해줄 요량으로 마련한 대답 같은 것이다. 기실 내 시는 지금 와 저 두 물로 미뤄보아 또한 마련을 해보건대, 저 두 물 사이에 있는 듯이 보인다.

어떤 시인이 사주를 보아주었는데, 내 사주는 을목이라 하여 오월 잔디 같다고 해서 물이 그리운 사주라고도 했거니와, 사실로 저 두 물은 나뿐 아니라 내 조상의 조상의 조상의 삶에서부터도 흘러를 오거나 넘치거나 스며들어 온 것이어서, 굳이 따져 붙이자면 나를 이뤄왔던 원형들의 총체라거나 같은 그럴듯한 말로 포장할 수도 있을 것도 같은데, 그 시간성을 지워버리고 나면 그들 또한 나를 살고 나 또한 그들을 살며 또 또한 태어나지 못한 또 다른 나들의 삶을 미리 대신 살아버리기도 할 것도 같고 지금 여기는 그들의 거기를 거쳐서 여기 또 거듭 어찌 태어나는가도 면밀히 관찰해볼 일이다.

사이 사이로 나는 간다. 무엇이 될지도 모르게, 그런 것조차 괴념치 않고 종래에는 그만 사이로만 남을지언정, 가긴 간다. 말이 불러 말에 손목을 잡혀 말에 이끌려 허위허

위 그 말 노래처럼 몸에 붙어 잘 안 떨어지도록, 몸이 말이고 노래이기까지, 노래가 다시 몸이고 말이기까지, 다만,

우물이 말을 한다

어제의 말을 한다

— 김수영 「신귀거래 3-등나무」에서

나는 우물에게서 말을 배웠고, 이제 우물은 사라져 없고, 이제 우물에 물 길러 오는 여편네도 남정네도 없고, 해서 이제 우물을 기억하는 사람도 없고, 우물이 있었는지조차 잊었고 없고, 우물을 기억하려는 기억조차 연기처럼 흩어져 버리고, 다만 부옇고 정체를 모르고, 말은 어제의 말이고, 어제의 어제의 어제의 어제의 말이고, 어제가 기억하는 기억의 훨씬 더 어제의 말이고, 해서 어제가 오늘 쪽에서 제 몸뚱이를 들이밀지 어떨지 모르고, 또 해서 내일이 어제인지 어제가 내일인지 또 모르고, 해도 사라져 없는 것들에게 배운 말이, 있지만 없는 것들, 오늘의 생살 속에서 펄떡펄떡 살아서 잠시 오늘의 시간을 찢고 오늘이라는 오늘 혹은 내일이라는 오늘 어제라는 내일을 보고 또 보게 할는지 누가 알까 하고, 해서 지금은 없는 우물의 저 아래 단층에 행여 묻혀 있을지 모르는 시체 흩어진 뼈 쪼가리들이나 파고 헤치고, 킬킬킬, 해도 나는 청맹과니나 아닐지 하고, 우물에게 두 눈을 빼앗기었기나 해서 있는 것 앞에서야 오줌이나 질질질 지리고나 있는 것은 아닌지 또 하고, "똥, 땡, 똥, 땡, 찡, 찡, 찡……", 우물이 말을 하고, 어제의 말을 하고, 나는 우물에게서 말을 배웠고,

기억에 대해 이야기해보라?

기억에 대해 이야기해보라? 어떤 놈은 양 눈이 제대로 붙었으나 눈꺼풀이 없고 어떤 놈은 한쪽 눈이 곪아 애꾸눈이고 어떤 놈은 느자구없이(싹수없이) 머리 가운데도 아니고 가운데서도 외악쪽(왼쪽)으로 비켜 뿔이 솟았고 거참 볼썽사납고 어떤 놈은 아예 머리 한쪽이 무너져 있고 어떤 놈은 그나마 팔다리가 무사히 붙어 덜렁거리나 어떤 놈은 팔다리 성기도 없이 몸으로 온 바닥을 쓸고 닦고 기어오고 생김생김이 이러하여 오오 나는 무서워서 눈도 못 뜨나 눈꺼풀 안쪽으로도 그놈들은 절뚝거리며 비칠거리며 겨우 몸을 가누며 비집고 들어오는 것인데, 그놈들은 나를 기어이 잡아먹으려는가 잡아먹었다가 소화액까지는 아니고 끈적끈적 타액을 온몸에 묻혀 나를 토해놓으려는가 그것도 아니면 쪽쪽 내 체액만을 빨아먹고만 말 것인가 하는, 그래서 그놈들은 날더러 어쩌라고 저러는 것인가 하는, 하필 기억이 그렇게 밀어닥칠 때 그 싸가지없는 시간이란 놈은 또 어디를 가서 계집질에나 골몰하는가 하는, 그런 싶기도 하고 안 싶기도 한, 헤헤헤 웃다 흑흑 끄윽 울다불다 하는 밤은 말이지, 쓸데도 하나 없이, 이렇게 말만, 영양가라고는 찾아볼 수도 없이 주루룩 설사병에나 걸린 듯이, 몸도 정신도 소진해가며 말이지, 그 말만에 더해 심상까지를 소비하고 소비하고 있는 밤이라는 말씀인데, 지금 이 순간도 분명 그럴 것이라 믿어 의심치 않고 있다는, 고로코롬 되게 되어져버린, 이제는 어찌할 수 없는 기억에 대해 허 참, 이야기해보라? 하라니 또 한번 '주책없이'를 무릅쓰고 이야기해볼작시면,

아들은 염병에 걸려 고열에 시달리며 방 한구석에 누웠는데, 아버지란 사람은 몇 년 한데를 떠돌다 돌아와 그냥 멀쩡히는 당연히 아니고 등에 온통 등창이 난 채로 돌아와 돈푼깨나 모아왔는지, 왔으나 그런 돈은 지어미나 얼굴도 잘 모르는 자식들한테는 소용될 리는 없고, 마을 아이들을

죄다 모은 것도 모자라 옆말 윗말 아랫말은 말할 것도 없고 집이 두서너 채밖에 안 되는 서당매 응달 아이들까지 모조리 모아 세워놓고는 눈을 부라리며 뻣센 수염을 쓰다듬으며 등창은 감추고 아무렇지도 않은 듯이 하는 말이, 온 동네 까치집을 모아오면 돈을 주마, 호통도 아니고 부탁도 아니고 그렇다고 거스를 수도 없는 그런 말이렷다. 아이들은 흩어져 온 마을 온 길 온 산의 까치집이란 까치집은 죄다 모아왔는데, 까치에 쪼여 피딱지 이마에 피딱지 앉은 아이도 있고 우듬지에 오르다 팔 부러진 아이도 있고 그 모양이 가관이었겄다. 까치집의 모양을 온전히 갖춰 온 아이는 드물고 두 동강은 일쑤고 세 동강 네 동강 낸 까치집을 들고 온 아이에 마른 나뭇가지에 진흙을 버무려온 것이나 다름없는 조각 하나를 들고 까치집이라고 우기는 녀석에 척 보기에도 할미새 둥지로나 보일 것을 들고 와서 손을 벌리는 놈까지 마당은 땟국물 줄줄 흐르는 아이들로 가득찼더라. 돈을 얼마를 주고 얼마를 깎고 또 얼마를 안 주었는지는 몰라도 그 아비 까치집이라고 생긴 걸 죄 모아 한 솥에 붓고 그걸 고아 마시고 마시고 했더라는데, 그것 때문인지는 확인할 길 전혀 없으나 등창이 낳았다나 어쨌다나. 헌데, 그와 동시에 착한 딸 하나는 아버지야 법석에 야단을 떨든 말든 제 오라비만 걱정이어서 어디서 주워들었는지는 몰라도 돌나물 물김칫국물이 염병에 좋다는 말을 흘려만 듣지 않고 와서는 들에, 길에, 담 틈에 난, 이제 봄도 늦봄이라 다 쇠어가고 있는 돌나물을 뜯어다가 어미 몰래, 어미가 무엇을 경계하였는지는 알 수는 없으나 그 어미 또한 집 앞에서 몇 발자국 걸어간 뒤 등 뒤로 도끼를 던지는 일 따위의 비손에는 일가견이 있었더라는 이야기를 들은 것은 후일의 일이라 그때는 그때대로 사정이 있었다는 것만 짐작할 뿐이지만, 아무튼 항아리에 물 붓고 돌나물 물김치를 담아 땅에 묻어 익혔다가 몸도 이제는 못 가누는 제 오라비에게 떠먹여주었더라는데, 아 글쎄, 어미 몰래 먹인 그것 때문인지는 또한 전혀 알 수는 없으나, 오라비도 그예 기운을 차렸더라는 이야기.

이를테면 이런 기억. 이건 고모할머니의 기억이다. 허나 이 기억이 나로 하여 무슨 이야기를 지껄이게 할는지는 모른다. 시절도 시대도 까마득하여 정말로 그런 일이 벌어졌는지, 그게 수몰된 마을 안쪽에서 일어난 일이었는지 바깥쪽에서 일어난 일이었는지 안 물어봤다. 하긴 고모할머니가 최초로 내게 그 이야기를 했을 때도 이미 몇십 년 전—설마 몇백 년 전 일이기는 하겠는가마는 나는 꼭 그것이 몇백 년 전쯤의 이야기로 자주 들리곤 하는데—에 있었던 일이었는지라 과장되고 조작된 기억이기도 하려니와 내가 시방 내 입으로 얘기하는 이 모양도 고모할머니한테서 들을 때와는 똑같지는 않게 빠지고 더해지고 했을 것이니 그걸 기억이라고 말해야 하나 꾸며낸 거짓부렁이라고 지껄여야 하나도 여간 헷갈리는 게 아니지만, 그건 어쨌든 제가 기억이라고 우기는 모양이니 그렇다고 해줄 수밖에. 하, 그런데, 내가 태어나기도 내 아버지가 태어나기도 훨씬 전의 남의 기억이 내게서 이렇게 생생한 건 또 무슨 조화일 거나.

기억은, 생김은 그러하여도 새끼 치는 일에는 능하여, 좀 전의 기억 속의 그 아버지가 또 훨씬 전에 또 한데를 떠돌다 돌아와보니 빈집 마당에 흙장난을 하며 하다 지치면 그 흙을 주워 먹고도 하면서 여름 한낮 햇살 아래 조용히도 혼자 놀고 있어서 말 붙여볼 양으로 네 어미 어디 갔냐 하니 아이 멀뚱거리며 밭매고 있다 해서 앞장서라 하니 그 조그만 아이 맨발로 고개 하나 넘어가 제 어미에게 어매, 어떤 아자씨가 어매를 찾네, 하더라는, 해서 어미가 보니 네 살 난 아들 앞세우고 지아비가 거렁뱅이 꼴을 하고 한 오년 만에 실실 웃으며 걸어오더라는 이야기는, 우리 증조할머니에게서 우리 고모할머니에게 전해져서 또 이 나에게 전해진 사정이 있는 기억이다. 꿈에 길가 담장 너머로 뻗어 나온 감나무에 감이 실하게 달려서 그 감 따려고 발돋움을 했는데, 오직 감 하나만 따지더라는 이야기는 우리 할아버지의 기억이다. 그 뒤로 우리 아버지밖에는 자식을 보지 못했다는 기이한 태몽이다. 머리 곱게 따고 어느 봄날 툇마루에 앉아 엄마 배가 아프네 배가 아프네 했다가 해 저물기 전에 죽었다는 여동생의 이야기는 우리 어머니의 기억이다. 첫째 부인이 하도 사나워 쫓아내고 어디서 어여쁜 처자 하나 데리고 왔는데 밥상머리에서 찬도 제대로 구별 못 하여 보니 소경에 가깝게 눈이 나빠 그때 안경이 있을 리 만무하여 그 길로 친정에 쫓아버린 내력이 있는 시동생은 국

군으로 참전해 시체도 못 찾게 되어버렸다는 이야기는 우리 할머니의 기억이다. 아침나절에 우리 증조할아버지 주령 짚고 한길을 따라 나가 영 안 돌아와 찾아보니 길가 풀섶에 외상 막걸리 자시고 쓰러져 계셔 우리 할아버지하고 고모할머니하고 부축해 모셔오던 이야기는 우리 할아버지의 기억인지 우리 고모할머니의 기억인지 내 기억인지 확실치 않다. 이놈의, 이 기억이란 놈의 새끼들, 그래서 날더러 어쩌란 말인가. 그렇다고는 해도 이 기억이란 놈의 새끼들을 죄다 죽여버리고 나면 내 몸은 내 말은 무엇이 남을까. 빈 껍질만 늘어져 질질 끌고 다니지나 않을까 하는 불안에 떨쳐버리지도 못 하고 나는 잡아먹히고 또 토해지고 끈적끈적 침이나 몸에 말에 묻혀가지고 그러기를 삼십몇 년 하고 있질 않은가.

얼마 전 〈하나와 앨리스〉라는 일본 영화를 보았는데, 영화를 이끌어가는 풍경은 순정만화 같더라만, 곰곰 들여다보니 그건 기억에 관한, 두 주인공이 기억을 조작하고 만들고 부풀리고 하는 기억의 한 놀음이더라. 멀쩡한 학교 선배를 부분기억상실증으로 꾸며, '하나'는 지금 사랑하는 사람이 되고 '앨리스'는 예전에 사랑했던 사람이 되어 미묘한 감정을 불러일으키는데, 실은 사랑은커녕 하나와 학교 선배는 말도 제대로 섞어본 적 없는 사이였더라. 희한한 건 끊임없이 의심하면서도 그 꾸며진 기억을 자기 기억으로 서서히 믿어버리게 되더라는 것인데, 〈하나와 앨리스〉는 조각기억을 맞추며 기억의 불완전성을 드러내던 영화 〈메멘토〉와는 또 다르게, 기억이란 결국 꾸미는 게 아닌가. 그것이 자신에게서든 타인에게서든 꾸미지 않은 기억이란 있는가. 그것이 불완전한 말을 입어 밖으로 뱉어져 나오는 데는 더 말해 무엇 하겠는가 하는 그러한 생각에 골몰하게 하더라는 말이지.

나도 내 기억을 꾸며본 적이 있는데, 그건 도시에서다. 이따금 내가 공중전화부스에서 전화를 기다린다는 건 꾸며내 그렇게 나도 모르는 사이 믿어져 버린 기억인데 말씀이야, 스물 대여섯 살 무렵이었댔나, 하루는 친구들과 술을 먹으며 내가 술 먹으면 그런다는 이야기를 했는데 글쎄 정신을 차리고 보니 나 혼자 공중전화부스에서 깨어났지 뭔가. 깨어났다 잠들고 깨어났다가는 잠들고 그사이 누군가로부터 올 전화를 기다리고 그랬다가는 마침내는 그 비좁은 유리문 안쪽에서 한 겨울밤 덜덜 떨며 잠들었더니, 지나가던 택시기사가 착하게도시리 나를 깨워 집까지 태워다 주었더라는 그래서 그 겨울 얼어 죽지도 않고 살아서 이렇게 씨부렁거리고 있다는 기억은 물론 내 것이지. 내 것이고 말고. 아 내 것 맞다니까 그래쐈네 그려. 내 것이 아니면 그럼 누구 것이여? 말해보랑게. 자네 것이라고? 허허 참 참 별 희한한 일도 다 있네. 뭔 기억이 돈 주고 사고파는 것도 아닐진대 그래서 내가 자네한테 돈 주고 산 기억도 아닐진대 혹은 뺏아 올 수 있어서 내가 뺏아 온 것은 더더욱 아닐진대 어찌 이것이 자네 것이라고 우긴단가? 응? 에이 그려, 정 그러면 자네 거 하소. 까짓거 대신 이 머리 한쪽 무너진 놈이 자넬 괴롭혀도 난 책임 못 지네. 뭐? 내가 왜 책을 져? 네 것이람서? 히힛, 이런 말놀음도 하고 논다는데, 쯔쯔쯔.

이야기는 더더욱 그렇거니와 시에서도 기억은 분해되고 재구성되고 조작되고 하는 법이라,

'어떤 놈은 양 눈이 제대로 붙었으나 눈꺼풀이 없고 어떤 놈은 한쪽 눈이 곪아 애꾸눈이고 어떤 놈은 느자구없이 머

리 가운데도 아니고 가운데서도 외악쪽으로 비켜 뿔이 솟았고 거참 볼썽사납고 어떤 놈은 아예 머리 한쪽이 무너져 있고 어떤 놈은 그나마 팔다리가 무사히 붙어 덜렁거리나 어떤 놈은 팔다리 성기도 없이 몸으로 온 바닥을 쓸고 닦고 기어오고 하는 생김생김'을 실은 내가 그렇게 해놓은 것이어서, 이쯤 되면 기억들이 나에게 죄를 물을 법도 하지만, 내 무슨 조물주도 아니지만, 여태까지는 내가 손(말)에 의해 다시 만들어지는, 그래서 새로 태어나는 제 생김의 입성을 그리 탐탁히 여기는 놈은 없는 듯하여, 그것들을 떼고 붙이고 조물락거리고 하는 것이렷다.

한데 문제는 그 꾸며진 기억들로 정작 나는 갈수록 없어져버리더란 말이지. 나는 아예 없었나 하고 의심하는 순간이 늘어갈수록 더더욱 그렇더란 말이지. 또 어떤 때부터는 내 의지보다는 그놈들의 의지가 제 새로운 모양을 만들어 가버리는 그런 낌새도 가끔 있었더랬는데, 그런 낌새는 낌새로나 끝나지 않고 낌새에 낌새가 합쳐져 이젠 대놓고 제 놈들이 내 손을 움직거려 제 모양을 만들고 있더란 말이지. 어느새 나는 그놈들로부터 감시받고 추궁당하고 조리돌림

당하고 이제 빠져나올 수 없게 되어버린 것이어서, 헤헤헤, 나는 그놈들을 한곳에 모아 죄 태워 없애버릴 궁리를 몰래 아주 조금씩 하고 있는데, 그놈들은 여간 눈치가 빠른 놈들이 아니어서, 어쩔 때는 이렇게 설사병에나 걸린 듯이 질질 흘러나오게 하기도 하지만 어떤 때는 오래 묵은 변비처럼이나 똥구멍이 찢어져도 안 나오기도 하는 것인바, 놈들의 계략은 말이지, 설사와 변비를 불규칙적으로 부정기적으로 내게 들씌워 나를 혼란에 빠뜨리려는 수작이지만, 클클클 내가 그리 쉽게 당할 리 있겠는가. 나도 나름으로 지사제와 설사약을 구하려고 백방을 수소문하고 있다 이 말이시…….

아, 아니, 그런 일은 절대 없을 것이구만요. 감히 내가 어떻게 태울……수……저는……그저……없는 것이나……어흐흑,

(꿀꺽!)

또 기억에 대해 이야길해보라? 흐흐흐흐흐.

다른 시간에 관한 몽상

사내는 산책을 나왔다. 저녁 어스름이 골목의 경계를 지운다. 사내는 제가 왜 산책을 나왔는지도 잊어버렸다. 산책은 산책일 뿐 어떤 목적이 거기에 들씌워질 필요는 없다. 그렇다고 하더라도, 사내는 이게 정말 산책인가 의심스럽다. 이 시간이 정말 저녁 어스름의 시간인가. 어쩌면 아침 미명의 시간인지 모른다. 시작인지 끝인지, 삶인지 죽음인지. 사내는 그런 시간을 살고 있다. 그런 시간의 눈으로 거리를 들여다보고 있다. 거리는 언제나 불완전한 형체를, 그러므로 띠고 있다. 개인지 늑대인지. 그럴 때 사내는 제가 정말 저 자신인지도 의심스럽다. 이따금 낯선 시간들이 자신의 몸을 빌려 중얼거리는 일이 잦아들면서부터 생긴 의문이다.

"나무나무/평생 가야 녹이 슬 듯이도/꽃 한 송이 피어나지 않는/나무나무/쭈글쭈글한 할미들이/허공을 향해 쑥쑥 아기들을 낳아놓던/나무나무……."

—「나무나무」 중에서

대체 자신이 언제 이런 시간을 지나왔단 말인가, 하고 사내는 고개를 젓는다. 사내는 고개를 끄덕이는 법이 없다. 제 안에 저 자신만 온전히 존재한다고, 그래서, 사내는 말하기 어려워졌다. 그러면 사내의 몸을 빌려 끝도 없이 중얼거리는 저 시간들의 주인은 다 누구인가. 대기는 아직 어두워지지도 밝아지지도 않은 채로 정적에 휩싸여 있다. 시간이 영원히 멈춘 것 같은 착각이 들 정도로 희한하게도 대기는 그 밝기에서 어떤 변화도 보여주지 않는다. 사물들은 미동조차 하지 않는다. 인적도 없다.

사내는 걷는다. 뒷걸음질이 아닌 이상 걷는다는 것은 앞으로 나아가기 위한 것임이 분명한데, 사내는 지금 자신이 앞으로 나아가고 있는 것인지 의심스럽다. 사실 느닷없는 낯선 시간의 중얼거림을 몸으로 받아 흘려낸 뒤에는 늘 세계가 낯설다. 분명 익숙한 골목임에도 이 골목은 한번도 와보지 않은 곳처럼 생경하게만 느껴진다. 이 낯섦 속에 무언가 도사리고 있지나 않을지 두렵기도 하다. 사내의 걸음은 이제 떠나려는 것인지 도착하는 것인지도 헷갈린다.

"너와 헤어지고 나는 다시 안이다 아니다/꽃도 피지 않고 죽은 나무나 무성한/무서운 경계로 간다 정거장도 없다/꽃다발처럼 다글다글 수십 개 얼굴을 달고 거기/개들이 어슬렁거린다 그 얼굴 하날 꺾어/내 얼굴 반대편에 붙인다 안이 아니다/내 몸에서 뒤통수가 사라진다 얼굴과 얼굴의/앞과 앞의 무서운 경계가 내 몸에 그어진다/너와 헤어지고 나는 무서워진다//너를 죽이면 나는 네가 될 수 있는가/모든 안은 다시 바깥이 될 수 있는가."

—「바깥에게」 전문

사내는 어느새 이 중얼거림이 정말 다른 시간의 것인지도 의심하기에 이르렀다. 그 중얼거림들은 자신의 저 깊은 안쪽에서 발생하는 것은 아닌가, 사내는 의심한다. 그렇다고는 해도 그것이 또 전혀 다른 시간이 아니라는 확증도 없다. 의심과 의심, 안쪽과 바깥쪽의 경계가 그 안에서 허물어진다.

사내는 자신의 몸을 빌린 이 시간들이 모든 결정된 것들, 매끄럽게 완성되었다고 믿는 것들의 경계를 지우려고 하는지도 모른다고 생각한다. 떠나는 것과 도착하는 것의 경계를 허물듯이 나와 너를 허물고 자아와 세계의 경계를 허물려고 하는 것인지 모른다고 생각한다. 이 경계들은 전에 가닿았던 한 낯선 극장에서처럼 "뭉게뭉게 피어올라 금세 다른 모양으로 몸을 바꾸(「구름극장에서 만나요」)"는 "처음부터 아무것도 정해진 게 없(「구름극장에서 만나요」)"는 흐물흐물한 것이었는지도 모른다고 사내는 생각한다. 그러면 자신은 지금 어디에 서 있는 것인가, 하고 사내는 다시 의심한다. 안도 아니고 바깥도 아니고, "안에서 바깥으로 향하고 있는 모양으로(「시인의 말」)" 자신은 있는지도 모른다고 사내는, 생각한다. 어쩌면 자신이 '개와 늑대의 시간' 자체로 존재하고 있는지도 모른다고 생각하다가 사내는 고개를 젓는다. 사내는 고개를 끄덕이는 법이 없다.

"선왕께서 한날은, 이제 봄!이라 하시매, 이제 봄!이라 적었나니,/어디서 불려나왔는지 모를 사내아이들과 계집아이들의 웃음소리가/궐 안에 시끌시끌 넘쳐났더이다 하나, 꽃처럼은 아니고 나비처럼만/궁의 뜰을 날아서 연회에까지 불려나와 시끌시끌 신하들의 귀에/달라붙어 앉았는데 신하들 죄다 귀에서 피를 쏟고 쓰러졌더이다."

—「분서(焚書) 3」 중에서

언젠가부터 사내의 몸을 빌린 시간의 중얼거림은 그 중얼거림을 이루는 말을 의심하기 시작했다. 시간이 시간 자신을 의심하는 건가, 사내는 고개를 갸우뚱거렸다. 경계를 허물고 세계의 불완전함에 대한 질문을 던지던 시간이 저를 이루는 시간 혹은 말의 불완전함을 드러내려는 것일까, 사내는 또 고개를, 갸우뚱거렸다. 그러면 이 의심하려는 의지는 어디서 태어난 걸까. 이 의지의 진원지가 시간이 아닌 것만은 확실해 보인다. 시간은 그저 사내의 몸을 통과해 다른 시간으로 세계를 재구성하고 매끄러운 세계에서 던지지 못할 질문들을 던지게만 하고 있기 때문이다. 그러면,

의지는 질문에서 태어나는 것일까. 사내는 고개를 젓는다. 그렇다면 사내를 시방 걷게 하는 것은 끊임없이 솟아나는 질문이라는 말인가. 질문의 의지로 사내는 시방 시간에게 몸을 내주며 존재하는 것이라는, 말인즉슨 그 말인가. 사내는 고개를 젓는다. 사내는 고개를 끄덕이는 법이 없다.

대기는 여전히 어슴푸레하다. 사내는 산책을 끝낼 수 있을 것인가. 터벅터벅 나서는 것도 아니고 돌아가는 것도 아닌 걸음을 사내는 여전히 걷고 걷고 걷고 있다.

귀신이 온다

으흐으흐으흐흐, 이따금 귀신들이 온다. 그것들이 오는 데를 알 수가 없다. 수도 없이 얼굴을 바꿔가며 짓고 까불며 오기도 하고 스윽 오는 줄도 모르게 오기도 하는데, 그것들은 말로 오기도 하고 희한하게 머릿속에 어지러운 그림을 그리며 오기도 하고 살갗으로 오기도 하는데, 그것들이 올 때 나는 몸을 부르르 떨기도 하고 흥흥흥 신음소리를 내기도 하고 애먼 머리털을 쥐어뜯기도 한다. 바람소리가 너무 거세요. 제발 바람 좀 줄여줘요. 우우우 저것들은 약 먹은 개새끼처럼 왜 미쳐서 저러는 거야요? 그것들이 올 때 나는 여간 괴롭지 않다. 하여도 그것들이 막상 오고 나면 그것들이 왔는지조차 까맣게 잊어버린다. 사실 그것들을 잊어버리는 게 아니라, 내가 그 순간 잠시 망실되는 것이다. 그것들은 내가 텅 빈 것으로만 여겨지는 모양이어서 나는 상상할 수 없는 내 몸의 빈 곳을 찾아 잘도잘도 기어들 들어오는 것이다. 저희들이 나를 채우기나 할 것처럼. 그렇다 한들 나는 영원히 빈다. 그 빔이 그것들을 불러들이는 것인지 모른다. 해서 나는 기꺼이 그것들에게 몸을 맡기는 것이다. 으흐흐흐흐, 그것들은 가끔 내 입을 빌어 음산하게 웃기도 한다. 웃음소리가 사라지지 않을 때가 더 많다. 그들이 또 내 몸을 빌어 노래 부르고 춤추고 할 때는 나도 따라 노래하고 춤춘다. 몸이 둥실 떠오를 때도 있다. 바람, 바람 말이에요. 저 구멍을 찾는 바람 말이에요. 당신 구멍에서 오는 내 구멍으로 오는 바람 말이에요. 구멍 좀 막아요. 헤헤거리며 온몸의 구멍을 열고 있는 당신, 제발. 귀신들이 올 때 나는 한바탕 앓는다. 허나 앓는 나를 내가 알 수 없으니 앓는 몸을 누군가에게 보여 준 적 없다. 앓는 몸은 있는가 하는 생각 때문인데, 내가 모를 뿐 아니라 어쩌면 처음부터 몸은 없고 앓음만 있나 하는 생각 때문이다. 행여 본다면 누군가 내 몸은 못 보고 앓음만 볼 것이로되, 그럼에도 그 앓음의 색깔은 하도 요상망측하여 그것이 앓음인지 울음인지 알음인지 얼음인지 구분하지 못할 것이라 생각하게 되어버리는 터라, 나는 내 앓음을 어찌 보여줄 것인가 골몰을 하는 것이지만, 그마저도 내 의지대로는 안 되는 모양이고, 그 봄은 결국 보는 사람의 의지에 안 달렸겠는가 하는 생각에 나는 끙끙, 앓는다. 할 수 있는 일이라곤 앓는 일뿐이다. 그러니 중력에 저항하는 새가 그 저항에 저항을 더하여 높이 날 때 그 높이만큼이 또 앓음인 듯도 하여, 새 중에는 호랑지빠귀란 놈의 새가 있어 그놈이 봄날 오후 한나절 높은 소리로 길게 울 때 그 소리의 길이만큼의 앓음인 듯도 하여 하냥, 앓는다. 앓음이 내 앓음만이 아니라 세상도 함께 앓는 것이라고 혼자만 중얼거리면서 뒤척이면서, 야, 이 새끼야, 내 귓구멍이 무슨 통풍구쯤 되는 줄 아나 본데, 내 달팽이관이 세차게 흔들리잖아. 나참, 무슨 그 썩어 문드러질 놈의 좆끄트머리 구멍에서조차도 바람이 이냐? 어디서 바람을 싸고 지랄이야 지랄은, 앓는다. 몸이 그러할진대, 말은 어떠할까. 말이 그러할진대 말로 이루어진 세상은 또 어떠할까. 하여 내가 내 몸을 믿을 수 없듯이 나는 이 세상을 확신할 수 없다. 확신할 수 없는 세상 저

편에서 그러니 나는 귀신들이 오는 것이라고 마음대로 믿어만 버린다. 오직 그것만 믿는다. 믿음이란 그러니 참 믿음 같지도 않은 믿음이다. 해도 그 믿음으로 나는 몸부림친다. 몸부림치면서 뒤집어진다. 뒤집어까진다. 세상도 몸부림치면서 뒤집어까지리라 혼자만 믿음에 믿음을 더하면서. 그 믿음 끝으로 나비가 난다. 나는 내 살과 내장이 나비로 이뤄지지 않았는지 의심할 때가 있다. 노란 날개를 접었다 펴며 내 살갗과 내장에 붙어 있다가 내 몸에 들어온 귀신 하나라도 훅 후 하고 긴 숨을 내쉰다면 나비들은 살랑살랑 떼를 이뤄 날아가버릴 것도 같으다. 하, 이봐, 당신 어디 있어? 어디로 갑자기 사라진 거지? 아직 바람의 볼륨은 너무 높고, 당신이 사라진 자리엔 당신이 쏟아놓은 바람만, 날아가버리면 나는 아무것도 남지 않은 그저 허공, 영원히 빌 것이다. 해도 어딘가 나비는 내려앉을 것이고 나비가 사람 형상으로 또한 내려앉는다면 거기 또 내가 하나 생길 것인가 말 것인가, 그 영원히 빈 몸으로 또 귀신들은 몰려들겠구나, 또 지독하게 몸부림을 치겠구나, 하는 엉킨 생각에 실타래들이 좀처럼 풀리지 않고 꼬인다. 꼬이기만 한다. 당신도 결국 바람이었구나. 내가 아무리 생떼를 써도 나도 결국 바람이었구나 바람끼리 얼크러설크러졌었구나. 거대하지만 안 보이는 바람의 나라의 당신도 나도 주민들이었구나, 하니 귀신들에게 일일이 인사를 하자. 손도 내밀어 악수라도 하자. 무엇이든 하자. 해버리자.

1.

나는 내가 쓰는 시를 알지 못한다. 내가 어떤 시를 쓸 줄도 알지 못한다. 사후의 추측과 사전의 예감만 있을 뿐이다. 나는 그 징후들에 대한 감각만을 발달시킬 뿐이다.

2.

화자는 항상 외부로부터 온다. 그는 결코 예비되어 있지 않다. 내가 알 수 없는 파토스에 휩싸일 때 그는 와서 내 내부를 곤죽으로 만든다. 그리고 거기서 며칠을 산다. 온통 헝클어진 채 나도 화자를 산다. 그는 대체로 격앙되어 있으며 과잉되어 있다. 이따금 흘러넘치기도 한다. 그 흘러넘침이 말을 불러들인다. 나는 또 그 말을 산다. 살고 나면 잊어버린다.

3.

이미지들은 왜곡되고 필연적으로 형해화의 길을 걷게 된다.

4.

여러 겹의 시간들과 함께 있다. 그 시간들이 관계한 여러 겹의 공간들도 함께. 시 안에서 그 시간과 공간 들이 제 짝을 버리고 다른 것들끼리 몸을 섞을 때가 있는데, 이제껏 보지 못했던 다른 시공간은 그렇게 탄생한다. 그건 어쩌면 우리가 알지 못했던 몸일지도 모른다.

5.

리듬은 몸에서 흘러나온다. 내 몸일 수도 있고 화자의 몸일 수도 있다. 리듬은 리듬만으로 존재하지 않는다. 리듬은 모든 것과 관계한다.

6.

시적 언어는, 그 스스로의 무능함을 통해 세계를 무능하게 한다. 그러면서 시적 언어는 불가능한 질문들을 품은 채 불가능을 지향한다. 질문들은 강력해서, 세계를 파괴할 수도 창조할 수도 있다. 내 언어에 대한 믿음과 바람은 여기서 시작된다.

7.

오래 바깥에 대해 생각했다. 그러나 과연 바깥은 있는가. 그 바깥에 당신은 있는가. 그 바깥에 우리가 관여한 삶의 세목들이 펼쳐진 풀밭이 있는가. 관계를 버리고, 당신과 만나 얼크러설크러질 거기는 바깥이 아니라면 또 어디인가.

8.

자명함이란 시의 것이 아니다. 모호함이야말로 시의 특권이다. 시의 모호함이야말로 상식적이고 피상적인 세계 너머로 우리를 데려간다. 자명하고 확고한 것들이 지금-여기를 망치고 있다는 사실을 우리는 너무도 자명하게 목도

하고 있다. 몸은 모호하다. 모호한 시는 모호한 몸으로 쓰는 시다. 몸으로 쓰는 시는 몸으로 읽어야 한다.

9.

언어의 혼란을 가중시키는 방향으로 내 시는 뻗어간다. 그것은 세계의 혼란이며 혼란은 필연적으로 새로운 세계에 대한 열망을 담고 있게 마련이다. 천국이 그렇듯이. 그러나 나는 새로운 세계를 모른다. 그것이 도래한다고 해도 나는 다시 모르는 새로운 세계를 향한 혼란을 조장할 것이다.

10.

인간에 대해 자주 생각한다. 나는 어디까지 인간인가. 당신은 언제까지 인간인가. 모든 인간이 사라지고 난 뒤에도 인간은 인간일 수 있는가, 아닌가. 인간이 인간을 넘어서 도달하는 곳은 어디인가. 세계가 세계를 넘어서, 삶이 죽음을 넘어서, 천국이 지옥을 넘어서. 천사는 어떻게 우는가.

0.

그리고, 나는 이 모든 것들과 결별해야 한다.

그 여름, 세 편의 몸부림 혹은 창작노트

1.

한 번도 살아 보지 못한 삶
한 번도 죽어 보지 못한 죽음

뜨거운 살을 뚫고 김 오르고
인간도 짐승도 아닌 소리들
모락모락 피어나 흩어지는데
걸어오지 말아라
산 적도 죽은 적도 없는 나에게로는

미안하지만 너희들은 죽었다 살았다고 우기며

꾸역꾸역 내가 여기서 온종일 비를 맞아도

—「장마」 부분

여름이 도달했는지 알 수 없는 여름이었다. 초록은 무성해졌고, 무서워졌다. 사람들은 웃거나 울었지만, 그들은 표정을 끝내 알 수 없을 것 같은 얼굴들을 하고 있었다. 그런 얼굴들이 둥둥 떠다니는 거리, 이상하게 그때 더웠는지 추웠는지 기억나지 않는다. 여름이었다. 나는 내내 참혹을 견디고 있었다. 그것은 세계의 참혹이었을 테지만, 내가 인간이라는 사실이 더 참혹했다. 여름이었고, 간신히, 나는 인간이었다.

그리고 비가 왔다. 나는 연희문학창작촌의 내 방에서 거센 빗소리를 듣고 있었다. 책상에 시집 한 권이 놓여 있긴 했지만, 단 한 글자도 눈에 들어오지 않았다. 글자들은 거센 빗소리를 못 이겨 스스로 얼룩이 되어 가는 것처럼 보였다. 그때 저 멀리서, 빗소리를 뚫고 사이렌 소리가 내 쪽으로 건너왔다. 빗줄기와 만나 사이렌 소리는 유난히 크게 내 귀에 도달하고 있었다. 귀를 막아도 사이렌 소리는 그치지 않았다. 사이렌 소리는 내가, 당신이 인간이라는 사실의 위급한 신호 같았다. 세계는 위태로운 지경에 처해 있다.

세월호 이후, 모든 세월은 생의 감각을 상실했다. 세월호 이후, 살아 있다는 사실의 실감은 사라져버렸다. 살아 있다고 우기며 비를 맞는 사람들 역시 살아 있다고 확신할 수 없는 여름 오후, 우리에겐 우산도 없었다. 끔찍한 세계의 실재로부터 우리를 보호해 줄, 낡은 우산 하나도. 우리의 삶은 영원히 완성될 수 없게 되었다. 또한 우리의 죽음도. 우리는 그저 불시의 시간 안에서 꾸역꾸역 그 시간이 주는 알 수 없는 공포에 몸을 맡기고 있을 뿐이다. 다시 세계는 영원히 끝나지 않을 것 같은 거대한 장마를 맞이하고 있었다.

2.

마흔에 대해서 쓰려는 게 아니었다. 잊히지 않는 어떤 사랑에 대해서, 그 시간과 공간이 어떻게 태어났는지, 그렇게 태어나 왜 여태 사라지지 않는지 쓰고 싶었을 뿐이다. 그때

끈적끈적하게 흘러내리던 블루스가 왜 나를 여기에서 그때의 그 술집 바닥으로 자꾸 끌어 내리는지.

그러나 시는 거의 언제나 내가 의도한 방향으로 가 주지는 않는다. 그러므로 최초의 의도라는 입장에서 보면 시는 거의 언제나 실패이다. 사랑도 언제나 실패이듯이, 사랑에 관한 시 역시 실패를 향해 가고 있었다. 언어들은 어쩌면 처음부터 그렇게 흘러갈 운명이 아니었던 모양이다. 몇 날 며칠 시는 한없이 늘었다가 줄어들기를 반복했다. 마침내 모든 정황은 사라지고, 나를 그곳으로 이끌던 음악도 멈추고, 다만, 몇 개의 이미지들만 남겨졌다.

빰 위로 지독한 꽃 냄새
진물처럼 흘러내린다
음악은 멈추고, 멈췄어도

네 말의 음절들 자주 끊겨
나는 끊긴 음절들 속에만

자꾸 머문다 자꾸 산다

네 얼굴 다시는 보지 못하고

미뤄 둔 약속들 흩어지고
밤은 풍문처럼
모든 여관의 불 꺼진 방으로

간다, 가서 안 돌아온다
눈먼 계절인데
뺨 위로 지독한 꽃 냄새

—「마흔」 전문

결국 매번 시 쓰기 과정에서 발생하는 모든 우연은 사후의 의도를 향해 가고 있는 것이라는 사실을 새삼 깨닫는 순간이었다. 그 많은 것들이 생략된 곳에서 새삼 의미들은 피어나고 있었다. 의미들이 나도 모르는 사이에 마흔이라는 나이를 떠오르게 했다. 사랑할 대상은 사라지고 대상의 흔적들 속에만 자꾸 머무는, 아직 새로운 대상들은 생겨나 모습을 보여주지 않는, 나이를 나는 통과하고 있었던 것이다. 당신들도 그런가.

3.

처음에 "머릴 버릴 수 없듯이 꼬릴 버릴 수 없지"라는 말이 있었다. 그건 정말 오래전 메모였다. 어떤 맥락에서 그 말이 떠올랐는지, 그 구절을 메모하며 어떤 시를 구상했는지 기억에 없었다. 시작 메모를 적어 두는 수첩을 뒤적거렸을 때 그 구절이 문득 눈에 들어왔다.

세 번째 시집을 내고 나서 통 시를 쓸 엄두가 나지 않았다. 세 번째 시집까지의 언어와 어떻게 결별할까 고민이었다. 언어와 결별한다는 얘기는 지금까지의 세계와 결별한다는 얘기이기도 했다. 그러나 아직 새로운 세계의 입구를 발견하지는 못했다. 그것은 어쩌면 몸을 바꿔야만 가능한 일일지도 모른다고 생각했다. 한참을 고민해도 도무지 답이 찾아지지 않았다. 아니, 찾아질 리 없었다. 단칼에 결별하게 되리라는 생각 자체가 무모한 것이며, 도리어 그런 생각이 새로운 세계로 진입하는 데 더욱 나를 망설이게 하는 것은 아닌지 의심이 들었다.

메모에서 그 구절을 발견하고, 어깨에 힘을 풀기로 했다. 정색한 얼굴에서 긴장을 내려놓았다. 그리고 차분차분 생각에 골몰했다. 골몰에 골몰이 거듭되자 어느 순간 "머릴 버릴 수 없듯이 꼬릴 버릴 수 없지"라는 구절은 점차 머리와 꼬리가 될 말들을 불러들였다. 말들은 이야기를 불러오고 이야기는 사건을 불러오고 시간은 시간 너머를 불러들였다. 그리고 그 시간은 이상한 반복 속으로 나를 끌어들였다. 시간은 더 이상 흘러가는 시간이 아니며 영원히 시작이자 끝인 세계의 춤을 보여주었다. 그렇게 시가 쓰이기 시작했다.

옷을 빼입고 젊은이들이 춤을 추고 있네

입을 다물 수 없듯이 항문도 다물 수 없지

(중략)

썩은 과일 향 풀풀 퍼지고 온 마을 감싸고

바래고 삭아 햇빛에 옷자락 흩어지는데

머릴 버릴 수 없듯이 꼬릴 버릴 수 없지

옷을 빼입고 젊은이들이 춤을 추고 있네

—「원무(圓舞)」 부분

우연과 즉흥의 역설
— 시집 『끝을 시작하기』 <시인노트>

처음으로 장시를 썼다. 쓰려고 마음먹은 것은 5년쯤 전이다. 어둠 속에서 한 사람이 깨어난 게 그쯤이라는 말이다. 그 사람은 깨어나 여러 장의 종이 위에 휘갈겨졌다. 그 사람이 무엇이 되려고 혹은 무슨 말을 하려고 깨어났는지 알지 못했다. 나는 그가 휘갈겨진 종이들을 파일에 넣어 다녔다. 종이 가장자리가 너덜너덜해졌다. 이따금 그 종이들을 들여다보기도 했지만, 나는 그를 외면했고, 그에게서 애써 도망치는 일을 반복했다. 그동안 나는 다른 시들을 써서 발표했다. 그중 일부는 그가 휘갈겨질 때 발생한 이미지들에 빚지고 있기도 하다. 꼭 그 사람 때문이라고 말할 수는 없지만, 내 시는 이전과는 다른 언어의 세계로 발을 옮겨갔다.

지난 겨울 마침내 그 사람을 본격적으로 시 안으로 끌고 들어오려고 했을 때, 여전히 나는 그에 대해 알지 못했다. 수첩에서 '끝을 시작하기'를 발견한 건 운이 좋았다. 나는 그 말에 기대어 그 사람을 써내려갔다. 여전히 그 사람이 무얼 의미하려는지 '끝을 시작하기'가 왜 이 시의 제목을 차지하고 있는지 알지 못한다. 이 시의 요설과 사변과 횡설수설은 그러므로 그 알지 못함에서 비롯된다. 이 시 쓰기의 과정 자체가 그 앎을 향해 나아가는 여정인 셈이지만, 그건 알다시피 실패로 귀결된다. 그 실패가 새로운 언어의 출발이길 나는 기대한다.

쓰는 동안 수없이 흥분과 좌절과 회의와 지연이 반복됐다. 그 속에서도 나는 끝까지 쓰기의 우연과 즉흥을 유지하려 했다. 어쩌면 이 시에는 더 많은 우연과 즉흥이 필요했는지 모른다. 그러나 여기까지가 나의 한계다. 한계가 어둠 속에서 한 사람이 깨어나면서부터 이미 예비되었다 하더라도 나는 일단 이 한계를 사랑하지 않을 수 없다. 이것이 나의 언어의 한계이자 내가 처한 세계의 한계일 수 있다. 지독하게 한번 사랑하고 나는 또 너머로 갈 것이다. 거기서 다시 요설과 사변과 횡설수설 아니면 또 다른 것들이 마음껏 발아해 두근거리는 세계를 다시 언어로 구축하리라는, 혹은 결국 실패하고 말리라는 믿음과 함께.

〈시작 노트〉1

일본 애니메이션 〈써머타임 랜더〉(와타나베 아유무 연출, 2022)에는 이런 시구절이 나온다.

왜 그대는 스쳐 지나가면서/우리를 버려두고 가는가/이 아스라하고 공허하며/황량한 눈물의 골짜기에

출처는 확인하지 못했다.

1988년 첫선을 보인 미국의 그래픽노블 『샌드맨』(닐 게이먼 지음, 샘키스 외 그림, 이수현 옮김, 2022, 시공사) 「안개의 계절: 챕터2」에서 주인공 샌드맨은 지옥으로 가면서 이런 독백을 한다.

세계들 사이에는/바람이 분다./차가운 바람이.//창조되지 않은 황무지에서,/무에서 무로 이동하며,/존재하지 않는 바람이 진공에/소리 없는 절규를 뿌린다.//여긴 장소가 아니다./틈새일 뿐.//아무 곳도 아니다.//스치는 생각. 이곳에 머물 수도 있다./탐구를 그만두고 영원히 무 안에/머물 수도 있다. 안전하고 춥고 고독하게.

그 음습한 페이지에 오래 머물렀다.

최근 알게 된 1930년대 일본 시인 사가와 치카의 시 「포도의 오점」(『계절의 모노클』, 정수윤 옮김, 2022, 읻다)은 이렇게 끝난다.

창백한 황혼녘에 서성이며/사람들은 무거운 듯 심장을 말리고 있다.

아름답고 슬픈 결구이다.

이즈음의 메모들이다.

〈시작노트〉 2

이미 알고 있던 세계는 망한 지 오래인데 느닷없는 미래가 들이닥쳤다. 세계는 어리둥절해하고 있다. 너도나도 우리도 언어의 상상력을 뛰어넘은 어리둥절 안에서 헤매고 있다. 그만 어리둥절을 내파하고 이제 어디로든 가야 한다. 부정과 불온이 필요한 게 아닐까. 다시. 새롭게.

〈시작노트〉 3

애도에서 시작했는데, 시가 알 수 없는 곳으로 가고 있다. 감정과 리듬만으로 시를 쓴다고 생각했는데, 그것도 벗어난 소리들이 난무한다. 이미지와 이야기는 버려지고, 종잡을 수 없는 반복을 통해 제 모양과 의미를 잃어버리는 말들과 중첩되고 불어나는 첩어들, 붙잡고 싶었으나 끝내 붙잡히지 않는 감정들뿐이다. 겨우 말인 것들의 군무, 종국에는 그 말도 버리고 흩어지는 소리들. 그 소리들로 비명과 신음 같은 것들과 손잡고 싶었는지도 모른다. 해도 알 수 없다. 소리의 정체도 알 수 없고, 소리가 더듬더듬 흘러나올 때 몸의 관절이 움직이고 멈추고 멈추다 다시 움직거려지는 걸 보면 몸이 관계한 소리들인 듯하긴 한데, 소리들이 내 몸 안쪽 어디어디를 고통스럽게 거쳐 왔는지, 혹은 소리가 내 몸의 시간 바깥 어디에서 쳐들어왔는지, 스며들어왔는지, 파고들어왔는지 또한 알 수 없다. 다시 어떻게 소리들이 울려 올지, 아니 다시 와주기나 할지, 아니 영영 어쩌면 와주지 않을지, 알 수 없다. 내 시의 향방도, 이것들을 시라고 할 수 있는지도, 지금으로선. 무용한 짓이다. 이런 시쓰기가 어떤 것들의 시작일 테지만, 끝도 없을 것이다. 실은 의미로 가득찬 세계에 어디쯤에도 자리잡지 못하고 사라져버릴 것이 분명하다. 영원히 이미이거나 아직인 오직 몸이기만 한 것들. 생각해보면 어머니의 애도에서 시작했으니, 그건 어쩌면 어머니의 몸과 말의 풍장의 형식일지도 모른다. 해도 어머니라는 시적 계기는 애진작에 벗어나 시 혼자 제 갈 길 간 것이라고 밖에는 생각할 수 없다. 2년이 되어 간다. 남은 것은 빈 손과 빈 바람뿐이다. 빈 말, 빈 소리들뿐이다. 곧 빈 몸이 될 것만 같다. 이제 됐다. 여기서, 나는 끝내야 한다. 어떻게 끝내야 하는지는 아직 모르지만, 시작이 예비되어 있었다면, 끝도 예비되어 있을 것이다. 애도에서 시작했으니 애도로 마무리지어야 할 때가 온 것이다. 이 깜깜하고 이상한 숲길에서 그만 나는 빠져나갈 것이다.

망각에서 다시 기억으로
—『에게서 에게로』의 창작적 계기들

시집『에게서 에게로』로 묶인 작품을 쓰고 발표하는 동안 나는 개인적으로는 녹록지 않은 창작 여정을 거쳐 왔다. 어머니의 죽음을 마주해야 했고, 세월호 참사가 있었으며, 이태원 참사도 있었다. 그 동안에 나는 내 언어의 무력감과 마주해야 했고 쓰지 못하는 시간도 길어졌더랬다. 이 글은 그 기간 동안의 언어가 어떻게 몸부림쳤는지, 어떻게 개인적 애도와 사회적 애도에 대응해왔는지, 또 그것들을 어떻게 넘어서서 또다른 언어적 정체성을 만들어가는지에 대한 기록이다. 나는 작가론에 입각해서 작품을 분석하는 것을 좋아하지 않지만, 이 시집의 시들이 어떤 창작적 계기로부터 시작되었는지, 작품이 쓰이는 동안 어떻게 계기들은 망각되고 무색해지는지, 그리고 작품만으로 새로운 계기들을 형성하는지 들여다보고 싶었다.

쓰이는 시기에 따라 창작의 계기들이 달라지기도 하고 시집에 묶일 때 꼭 창작 시기에 맞춰 순차적으로 배열되지는 않지만, 부로 묶고 나면 편편들이 유사한 계기들을 지니고 있음을 발견할 수 있다. 시집을 묶는다는 것은 결국 시들에 대한 사후적 기획이라고 할 수 있다. 사후적 기획에 의해 배열되며 그 배열에 의해 시들은 개별 작품이 지녔던 의미와는 다른 맥락의 의미를 보여주기도 한다. 그러면서 작품을 쓰는 동안 잊혔던 창작적 계기들은 새롭게 환기되면 새로운 의미로 거듭나게 된다. 새로운 기억을 형성하기 시작하는 것이다. 그러므로 이 글은 자기 고백에 가깝지만 사후적으로 형성된 기억에 기대 있기도 하다는 점을 밝혀 둔다.

1부는 '난데 없는 세계가 펼쳐질 것 같은 기분으로'라는 소제목을 붙였다. 여기에는 주로 '너'와 관련한 시들이 묶였다. 사실 '너'는 사랑하는 사람일 수도 있지만, 또다른 타자일 수도 있다. 사랑이 그렇듯 '너'는 '나'라는 주체를 버리거나 소멸시켜야만 진정으로 만나지는 경우가 많다. 내 시에서 '너'는 '나'라는 주체를 주체의 자리에서 끌어내리고 대상화하고 수동화하는 존재로 자주 드러난다.

> 너는 나를 한 마리 잡았다고 좋아했다
> 곳곳에 수없이 많은 덫을 설치해둔 번화한
> 거리 쪽은 아니고 어쩌다 들르곤 했던 허름한
> 술집에서였다 너는 그곳에도 덫을 놓았다는
> 사실조차 까맣게 잊어버리고 있었더랬다
> 술집 주인으로부터 연락을 받고 너는 환호했다
>
> 술집에 도착하자 너 한 마리가
> 덫에 걸려 으슥한 구석에서 버둥거리고 있었어
> 술집 주인은 그런 너를 며칠째 그냥 방치해둔 채
> 내가 들르길 기다렸다고 했지
> 나는 너를 잡았다는 것만으로 기뻤어
> 너는 구하기가 여간 어려운 게 아니었거든
>
> —「너는 너를 잃고」 부분

이 시에서 '나'는 한 마리 정체 모를 가축으로 설정되어 있다. 이 시에서 의도한 것은 지칭의 상대성이었다. 양쪽 정열을 통해 '나'의 목소리와 '너'의 목소리를 교차하며 보여주고 있는데, '나'의 목소리는 너를 문장의 주체로 내세워 너의 행위를 묘사한다. '너'의 목소리에서 주체는 너이지만 '나'라는 주체로 표현된다. 즉 전체 시의 화자 입장에서 '너'는 확실히 목소리와 행위의 주체인 데 비해, '나'는 나를 나라고 지칭하지만 '너'에 대해서 대상이며 수동적 존재이다. '나'는 '너'에 의해 사육되다 죽어 버려지는 존재이다. 그럴 때 '나'는 일인칭이라고 할 수 있을까. 일인칭으로서 주체성과 능동성을 지닌다고 할 수 있을까. 그때에도 '나'는 나를 나라고 부를 수 있을까, 이런 의문에서 시작한 시이다.

시집의 표제작인 「에게서 에게로」에도 정체성이 희미해진 주체로서 '나'가 등장한다.

하는 수 없이 나는 네 눈꺼풀
안쪽에 거처를 마련한다 이물감에
눈을 몇 번 깜박였으나 너는 곧

눈꺼풀 따위 신경 쓰지 않는다
대수롭지 않은 일처럼

(중략)

네 입술의 거스러미들이 일어난다
네 말은 누구에게도 가닿지 않고
나는 끝끝내 말해지지 않는다
자리를 잡지 못한 네 말들로 이곳은 범람한다

기어이 나는 생각되지 않는다

너에게서 또 다른 너에게로
나는 다시 옮아갈 채비를 서두른다

—「에게서 에게로」 부분

이 시에서 '나'는 희미해진 정도가 아니라 미물에 가깝다. 이 시는 아주 오래 전 나의 메모로부터 시작되었다. '네 눈에 비친 나는 어떻게 되었을까' 하는 의문에서 출발하였다. 네 눈에 잔상으로 남은 나는 그 다음에는 어디서 살아가나, 하는 의문 말이다. 말하자면, 이 시의 '나'는 능동적으로 말하고 있는 것처럼 보이지만, 네 눈에 남은 잔상 즉 이미지에 가깝다. 그 시간에 의지를 부여하려 했다. 그러나 그런들 너와 말이 통할 리 없다. 해서, 너는 너대로 말하고 나는 그런 너를 묘사하고 네 신체의 감각과 관여한다. 결국 나는 네게서 말해지지 않으며 네게서 생각되지 않는다. 잔상이라고는 하지만 너에게서 아무 의미도 얻지 못한 나는 다른 너의 신체로 옮아갈 뿐이다. 이 과정에서 나도 너도 결국 의미를 상실하게 된다. 이 시의 제목이 체언을 생략한 채 어떤 방향성만 지시하는 조사로만 이루어진 것은 그런 이유이다.

1부가 '너와 나의 관계성'의 전복을 통해 주체와 대상의 확실성에 대한 회의를 보여준다면, 2부는 주로 일상과 장소에서 비롯된 시들로 구성되었다.

2부의 소제목은 '모르는 얼굴을 들고서'이다. 2부의 시들은 이전의 도시 괴담류의 알레고리적 형식을 취하고 있으면서 근래에 관심을 두었던 시적 화자의 위치와 위상에 대한 회의를 담은 작품들을 주로 배치했다.

하면, 이 거대한 여자와 왜소한 남자는 어느 밤으로 보낼까요? 이쪽 밤엔 여자를 저쪽 밤엔 남자를 보내는 게 맞죠? 한데, 담배연기로 가득한 동시 상영관의 저녁 얼굴도 없이 불쑥 내밀어지던 손들과 홍등가를 배회하는 어지러운 치기 어린 망설이던 발자국은 각각 어느 밤에 두어야 할지 영 헷갈리는데요. 아, 그렇구만요. 손들은 이쪽 밤 앞에 깔아두어야 하는군요. 발자국은 저쪽 밤 앞이고요.

(중략)

한데, 당신은 어디 있지? 왜, 모습을 드러내지 않는 거요? 그렇군, 렇군, 렇군이로군. 당신은 없고, 그 없음으로 밤은 흩어져 부유했던 것이로군, 이로군. 남자도 여자도 제가 있어야 할 자리에 있지 못하고 제가 남자인지 여자인지도 알지 못하고 늙지도 죽지도 않고, 어느 시간인지도 모르는 시간에 얹어져, 여기 유일하게 없는 당신으로 인해, 허허허, 허허허허허. 한데도, 하므로, 하면, 나는 어쩌다 있어져 없는 당신의 손아귀에

놀아나고만 있는 것인지, 도통, 알지 못하겠는 것이라는 것인 데, 말야.

—「두 밤 사이」 부분

이 시의 시적 화자는 어떤 의뢰를 받은 자이다. 이 의뢰는 어떤 사건 전후의 밤을 구성하는 일이다. 시적 화자에 대해 관심을 두면서 시적 화자의 여러 위치들을 생각했는데, 이러한 설정도 거기서부터 비롯되었다. 어떤 사건이란 젊은 날의 어떤 경험에 관한 것인데, 시적 화자를 통해 간접적이고 파편적으로 드러나도록 했다. 중요한 것은 사건 자체가 아니라 시적 화자의 위치와 위상의 변화였다. 처음에 시적 화자는 보이지 않는 의뢰인의 지시대로 움직이는 그저 수동적인 일꾼일 뿐이다. 의뢰인에 대해 일말의 의심을 하지 않는다. 그러나 "담배 연기로 가득한 동시 상영관의 저녁 얼굴도 없이 불쑥 내밀어지던 손들과 홍등가를 배회하는 어지러운 치기 어린 망설이던 발자국은 각각 어느 밤에 두어야 할지 영 헷갈리는데요"처럼 정서적 풍경과 맞닥뜨리고 그 정서를 자신에게 이입함으로써 자신이 지금

하는 일에 의문을 품게 된다. 말하자면 시가 전개되는 과정에서 드러나지 않았던 자의식을 시적 화자가 의식하게 되는 것이다. 이 시의 갈등은 거기서 발생한다. 시적 화자가 보이지 않는, 오직 자신에게만 목소리로 지시하는 의뢰인에 대해 "당신은 어디 있지? 왜, 모습을 드러내지 않는 거요?" 하고 질문을 던지게 되는 것이다, 그러면서 의뢰인의 '있음'에 대해 근본적인 물음을 던진다. 그러나 '당신'이라고 지칭되는 의뢰인이 없다면 시적 화자인 '나'의 행위는 어떻게 되는가. 시적 화자의 이런 딜레마적 상황에 집중하려 했다.

사실 2부에서 개인적으로 가장 아픈 시는 「거기, 없는」이다. 이 시를 쓰기 시작할 때 한남동 이태원 입구에서 살았던 때의 한 에피소드를 떠올렸다. 젊음의 치기로만 가득하던 시절 삶의 절망만 가득하던 시절의 한 밤을 떠올렸다.

쏘아붙이듯 벽을 향해 누군가 컵을 던졌어 거기
가지런히 쌓여 있던 얼굴들 얼굴들이야 다시 이어

붙일 수 있겠지만 컵은 어쩌지 지나온 거리의 불빛들
집 안까지 흘러왔어 흘러흘러 몸 안에서 출렁거렸어
불빛들마다 누군가가 하나씩은 서성이고 있었는데
몸은 컵이 아니야 내가 말하자 그 중 누군가 나를
쏘아보았어 휘황하게 빛날 거란 생각은 버려 몸은
언젠가 던져져버릴 운명이야 이내 깨져버릴 테지 몸은

—「거기, 없는」 부분

누군가 벽에 컵을 던지는 사건이 이 시기 젊음과 절망의 한 표상 같았다. 시간의 흐름을 잠시 멈추고 그 시간의 형질에 대해 쓰고 싶었다. 말은 그렇게 흘러나왔고 시의 진행은 순조로웠다. 그런데, 아직 시를 다 완성하지 못했는데, 이태원 참사가 일어났다. 하필이면 시의 경험적 배경이 이태원 입구였고, 하필이면 현재의 현실에서 참사가 일어난 것이다. 일단 시를 멈췄다. 함부로 사회적 사건의 이미지가 시로 흘러들어올 것 같아 며칠이고 쓰지 않았다. 윤리적으로 허락되지 않았다. 며칠 동안 현실의 끔찍함을 목도하는 동시에 쓰지 못하는 괴로움에 몸부림쳤다.

누군가 이어붙인 얼굴을 뒤집어쓰네 눈도 코도 입도
지우고 누가 누구인지도 모르고 모르는 집 제 무거움
못 이겨 어쩌지 허물어지네 결국 컵은 깨졌을까 잠은
어쩌지 추워 누군가가 아니면 그 누군가도 아닌 누군가
끔찍해 쨍그랑 끔찍한 밤의 행렬 속으로 누군가 어쩌지
어쩌지 휩쓸려가고 던져지지도 못한 채 나 그만 산산이
깨어져버리네 얼굴도 이름도 알아볼 길 없이 흩어지지 못한
어쩌지 어쩌지 어쩌지들만 남아 떠다니네 추워 어쩌지

—「거기, 없는」 부분

이 시의 마지막 부분은 그런 몸부림 끝에 쓰였다. 그러나 여전히 마음 속에는 꼭 썼어야 했을까 하는 회의와 반성이 남아 있다. 이 시를 볼 때마다 나는 두고두고 그날을 떠올릴 것이다. 나에게 내려진 형벌 같다.

3부의 시들은 앞서 말했던 "감정과 리듬만으로 시를" 쓰던 시기에 발표한 시들이다. 이 시들은 어머니에 대한 개인적 애도를 계기로 발생한 시들이다. 애도라고 하긴 하지만 애도를 비껴간 유년의 어머니에게 받은 상처의 풍경에 집

중하고 있다. 어머니가 돌아가신 그해 세월호 참사가 있었다. 어머니의 죽음을 애도할 겨를도 없이 그 사회적 참사에 매달릴 수밖에 없었다. 그 시기 나는 이중의 슬픔을 감내해야 했다. 사실 작품을 쓰는 일이 불가능할 만큼 고통스러웠다.

3부의 시들은 뒤늦은 개인적 애도로부터 출발한다. 그래서 어지럽다. '희끗으로 그만 사라지지 않으려고'라는 소제목이 붙은 3부의 이 시들이 어지러운 리듬을 구사하는 이유는 슬픔과 상처를 회피하고자 하는 내면의 욕망 때문일지도 모른다. 애도라고는 하지만 애도는 아니었다. 다만 내면 깊숙이 자리잡았던 어머니의 기억을 떠올리기 시작했다. 거기서 시작된 시들이 「자줏빛 심장에 대고」, 「붉은,」, 「어슴푸레」, 「희끗,」, 「서러우니, 아프니,」, 「노래, 없는」 계열의 작품들이다. 이 작품들은 모두 하나의 장면에서 시작되었다. 나는 "그 젖을 뺄 무렵에도 어머니는 가끔 집에서 사라지는 일이 잦았더랬다"라고 어느 산문에 쓴 적이 있다. 바로 그 장면 혹은 사건에서 시작해 어머니와 나 사이에 기다림에 집중하고자 했다. 이전 시들이 유년과 유년을 둘러싼 타자의 이야기를 설화적 변형을 통해 알레고리 방식으로 시를 끌고 갔다면 이 시들은 하나의 장면에서 발생한 '붉은', '어슴푸레', 같은 시각적 이미지들을 더욱 파편화하여 리듬만을 부각시키고자 했다.

한 장면이란 사실 이렇다. 어릴 때 어머니는 시집살이를 못 이기고 자주 집을 나갔다. 어머니가 처음 집을 나갔을 때의 시간의 풍경은 나의 기억 속에 각인처럼 박혀 있다. 해질 무렵 어머니는 보퉁이 하나 안고 집을 나섰다. 어린 나는 어떻게든 어머니와 함께 가려고 했지만 어머니는 좀처럼 잰걸음을 늦추지 않았다. 그런 어머니 뒤를 쫓아 따라가다가 나는 넘어지고 일어서기를 반복하였다. 무릎은 까지고 사위는 점점 어두워졌다. 할아버지가 무서운 얼굴로 나의 손을 잡아채서 더 이상 어머니를 따라갈 수 없었다. 산들 사이로 노을이 지고 있었다. 뱀의 혓바닥처럼 날름거리는 것 같았다. 징그러웠다. 어머니의 흰옷은 희끗희끗 멀어지고 아무리 울어도 울음이 산들에 부딪쳐 메아리쳐도 어머니는 결코 뒤를 돌아보지 않았다. 이를테면 그 기다림이 어머니의 죽음을 통해 애증처럼 떠올랐다. 어머니는 며칠 뒤면 아무 일 없었다는 듯이 돌아와 우물에서 빨래를 하곤 했다. 낮잠에서 깬 어린 나는 눈을 비비며 그것이 꿈인지 생시인지도 모르게 어머니를 불렀다. 이런 장면들에서 이 시들의 이미지들을 발생시켰고 나는 그 이미지 하나하나에 매달렸다. 따라서 그것은 장면을 만들어내기보다 각인된 그 기다림에 내재된 내면의 상처들을 리듬의 흐름을 통해 표현하려 했다.

붉은, 뱀새끼들의 혓바닥, 이라고 썼다가 지운다 하늘엔 온통 붉은, 소리들, 쟁그렁쟁그렁, 이라고 쓰는 것도 이미 늦어, 캄캄해질밖에, 붉은, 하나만 남고 산도 물도 나무도 풀도 형체를 잃어, 하냥 캄캄해질밖에, 캄캄하게, 붉은, 은 어디서 풀려나왔을까, 썼다가 지운 붉은, 의 남은 기억들 혹은 붉은, 에서 살았을지도 모르는 무섭고 차갑게 흘러 흘러만 가는 하늘, 이려나, 되뇌다 만다 그런 붉은, 쯤에서 노는 일이 마땅잖아, 붉은, 이제는 붉은, 만뿐인 그것을 어떻게 지울까, 궁리중이다, 만, 그것은 지워나 질까, 여자 혼자 걸어가는 어느 비탈길 어귀로나, 붉은, 지워나 질까, 지지나 않을까, 노닥노닥, 일없다, 일없이 아무리 불러도 붉은, 너머에는 가 닿지 못하는 목소리, 불긋불긋, 이런 것도 아니고, 그저 붉은, 은 무슨 일로, 여기까지 와서 이렇게나 퍼질러만 앉는가 목이 다 쉬어 붉은, 붉은, 으로만, 오직 붉은, 까지만, 퍼질러만, 캄캄하게, 뱀새끼처럼, 쟁그렁쟁그렁, 붉은,

—「붉은」 전문

이 시가 보여주는 풍경은 어머니가 나를 뿌리치고 떠날 때 노을 지던 풍경에서 연유한다. 그러나 이 시의 '시적 화자'는 그 시절의 나로 시에 등장하지 않는다. 현재의 나이면서 현재까지 영향을 미치는 그때의 이미지에 의문을 품는, 짐짓 기억하지 못하는 것처럼 행동하는 나이다. 그러나 "지운 붉은, 의 남은 기억들 혹은 붉은, 에서 살았을지도 모르는 무섭고 차갑게 흘러 흘러만 가는 하늘, 이려나, 되뇌다 만다"에서처럼 그것은 의도적 망각을 넘어 이곳에 도착하고 "여자 혼자 걸어가는 어느 비탈길 어귀"라는 장소를 환기시킨다. 끝내 떠올리고 싶지 않는 기억의 한 장면을 떠올리고 마는 것이다. 어머니를 "여자"라고 지칭하는 것은

그런 망각과 회피와 관련이 있다. 이렇게 떠올리는, 떠올리고 싶지 않은, 떠올려지고야 마는 기억들은 내면의 저항에 부딪쳐 파편적 이미지로 어지러운 리듬의 무늬를 그려내는 것이다.

나는 이 시들이 쓰이던 시기에 발표한 산문에서 "이제 됐다. 여기서, 나는 끝내야 한다"고 고백한 바 있다. 리듬만 극단적으로 실현되는 작품들을 나 스스로 감당하기 어려웠다. 그러나 그것이 꼭 나쁜 결과로 귀결된 것만은 아니다. 앞서 말한 「빛, 재, 빈」, 「꽃꿈」 등은 비록 극단적이긴 하지만 개인적 애도라기보다는 사회적 애도에 가깝다. 개인적 애도에서 멀리 떨어져 나는 그 개인적 애도를 뒤덮은 사회적 애도 쪽으로 비로소 나아갈 수 있게 되었다.

천사는 어떻게 우는가 살았는지
죽었는지 우리가 쏟아진 얼굴을
미처 쓸어 담지 못하고 우물만
쭈물만 거려 거리고 있을 때
금간 담벼락에나 우리의 심장이

가까스로 숨어만 들어 들고 숨이
숨이 수숨이 헐떡 헐헐떡 헐떡만
대는 개의 혓바닥에서처럼 토해져
나올 때 뜨거울 때 뜨거워도
마지막 표정은 기억나지 않고
마지막 눈빛이 마지막 발음이
마지막 목소리가 마지막 풍경이
마지막 당신이 발 없는 바람이
무수히 발자국을 찍어 바람의 행방
도무지 알 수 없고 주름도 없이

—「천사는 어떻게」 부분

「천사는 어떻게」는 「장마」라는 시를 쓴 이후 줄곧 쓰지 못했던 세월호 참사에 관한 시이다. 이 시를 창작하기까지 어떤 과정을 거쳤는지는 명확하지는 않지만 오래전 적어두었던 "천사는 어떻게 우는가"라는 메모를 발전시켜 시를 완성시킨 것만은 분명하다. 이 시를 쓸 수 있었던 것은 개인적 애도로부터 출발한 극단적 리듬의 실험들을 거치고 그 리듬들을 정리해야겠다고 생각한 덕분이었다. 비로소 개인적 애도를 뒤덮어버렸던 사회적 애도를 제대로 마주하게 된 셈이다. 어지러운 말들의 파생을 자제하고 천사의 우는 이미지에만 집중했다. 그렇게 창작된 이 시는 이전 시에 보이던 리듬 실험의 요소들을 어느 정도 드러내면서 내 시의 언어적 습관(보조사의 발생, 첩어화 등)이 어우러져 있다고 생각한다.

4부는 '너를 껴안는 어둠의 형질에 대해'라고 소제목을 붙였다. 1부에서 '너'가 위상을 달리하며 '나'의 정체성을 위협(?)하는 존재였다면, 4부의 '너'는 그런 성격을 지니면서도 혼란스럽지만 다른 '너'로 확장하는 모습을 보여준다. 어쩌면 1부의 '너'들이 어떤 지향성을 가지고 도달한 자리의 '너'들일 것이라 판단한다. 또 한편 그 타자는 나에겐 '어머니'이기도 하다. 3부의 시들이 애도의 실패와 어머니와의 관계에서 애증을 드러내고 있는 측면이 없지 않은데, 「미처 다물지 못한」이나 「윤슬」에 이르러서야 비로소 진정한 애도를 하고 있다는 생각이다. 물론 이 시들은 애도로만 그치지 않고 결과적으로는 새로운 시간성과 그로 인한 새로운 공간성을 창조하고 있다고 볼 수 있지만, 개인적인 창작의 계기는 어머니에 대한 애도로부터 출발했음을 밝혀둔다. 그리고 그것은 무척 고통스러운 일이었다.

나는 아무도 기다리지 않았어요.—왜 그를 신랑이라고 지칭했습니까?—내겐 아무도 없으니까요. 그런 느낌이었어요. 신랑 말고는.—그가 당신의 신랑 모습을 하고 있었습니까?—기다리지 않아서 얼굴을 간절하게 떠올리긴 힘들군요.—신랑 같았군요.—그는 내게 엄마라고 부르더군요.—그를 낳았습니까?—나는 아무도 낳지 않았어요.—아무도 낳지 않았다는 것을 기억하는 겁니까?—낳지 않았다는 것을 기억하는 것은 아니에요. 잊지 않은 것뿐이지요. 나는 잊지 않아요.—당신은 과거가 없습니까? 잊지 않은 것은 과거가 아닙니까?—그것은 현재일 뿐이지요.—왜 당신의 현재는 내 현재에서 먼 것입니까?—당신의 현재는 어디인가요? ……여하튼 과거는 아니에요.—느낌이 꼭 과거와 연루되는 것은 아닙니다.—느낌은 그럼 미래인가요?—어쨌거나 아무도 낳지 않았다는 사실을 기억하지 않은 게 아니라 잊지 않은 거라고 말하고 있습니다.—맞아요.

아, 맞아요, 그가 슬픈 표정을 짓더군요. 그러자 순식간에 신랑이 사라졌어요.—신랑이 잊혀졌습니까?—아니요. 신랑이 없어진 자리에 그가 나타났어요.

—「윤슬」 부분

3부의 시들이 유년 시절 어머니에 대한 기다림에 깊이 파고들어간 시들이라면 이 시는 어머니의 나에 대한 기다림에서 시작한다. 무선호출기만 겨우 존재하던 시절 어머니는 연락이 되지 않는 나를 버스터미널에서 여섯 시간 동안 기다렸다. 그 죄책감이 그 시간에서 벗어나 있는 시적 화자를 그 시간으로 보내 말하도록 하는 것이라고 짐작한다. 어머니의 부재 속에서 그 기다림이 커다란 죄책감으로 떠오른 이유는 아마도 나가 어머니의 임종을 기다리며 대기했던 마지막 기억 때문이었을 것이다. 어머니는 오래 앓았고 임종 즈음엔 치매 증상까지 보였다. 어머니가 나를 아버지로 착각했던 일은 두고두고 잊혀지지 않는다. 마지막엔 심정지가 여러 번 왔다. 결국 인공호흡기에 의지해야 했는데, 연명치료를 하지 않는다는 것을 장남인 내가 결정해야 했다. 의사는 이 밤을 못 넘길 거라고 병원 근처에서 대기하라고 했다. 그리고 여관에 대기하던 나는 어머니의 임박한 임종 소식을 듣고 병실로 달려가야 했다. 그 하룻밤의 기다림은 지옥 같았다.

상여소리 높았던가. 그날. 곡소리 홍건했던가. 곡기를 끊고 기어이 영감탱이 떠나던 날. 곡우 전이던가. 곡우 후이던가. 비가 왔던가. 땅에 쩍쩍 금이 갔던가. 까마귀 날았던가. 울었던가. 음산했던가. 맴돌았던가. 흩어졌던가. 남았던가. 사라졌던가. 떠돌았던가. 도착했던가. 그 형용이 끔찍했던가. 알아보기는 힘들었던가. 추깃물만 남았던가. 남았다가는 다시 떠났던가. 다시. 떠나는. 다시. 이상한. 말. 도대체. 떠나지지. 않는. 상한. 말. 곡우라는.

—「곡우」 부분

이 시의 "영감탱이"는 내가 사는 골목의 어느 노인이 모티브가 되었다. 어느 새벽 나는 온 골목이 쩌렁쩌렁 울리도록 가래를 뱉는 노인을 목격하게 되는데, 그 광경이 무척 이질적으로 느껴졌다. 이 이질적인 인물의 행위가 오래 전 돌아가신 나의 할아버지를 떠올리게 했고 할아버지의 기침소리를 떠올리게 했다. 그 기침소리에서 "고오구 고우구" 하는 까마귀 소리를, 죽음을, "곡우라는" 절기의 감각을 연상하게 했다. 이 시는 그렇게 시작되었다. 오랜 휴지 기간을 거쳐 발표한 이 시를 계기로 내 시는 비로소 다른 언어적 정체성으로 나아가게 되었다.

이 글에 나타난 언어적 굴곡은 그대로 나의 삶의 굴곡을 담아낸다. 삶이 변화하듯 내 언어 또한 변화의 지점에 서 있다. 삶을 예측하기 어렵듯이 언어의 향방 또한 예측하기 어렵다. 다시 몸부림은 시작될 것이고 다시 머리를 쥐어뜯는 시간과 게으르게 딴짓에 수없이 한눈을 팔며 언어를 기다리는 시간은 어김없이 계속될 테지만, 그래도 가야겠지, 생각할 수밖에 없다. 사는 동안 그 삶을, 그 모든 삶의 감각을 감당해야 하는 것이 결국 내 시의 몫일 것이므로.

더디 가는 자를 위한 변명

— 시와 현실에 관한 몇 가지 생각들

1.

세월호가 침몰하고 나는 내내 울었다. TV를 보면서 울고 인터넷 기사를 읽으면서 울었다. 여느 시민들과 마찬가지로 분노했고, 분노했지만 아무것도 할 수 없다는 사실에 절망했고, 절망의 밑바닥에서 머리를 쥐어뜯으며 울고 울었다. 울음은 좀처럼 그쳐지지 않았다. 햇살이 좋아서, 꽃이 흐드러지게 피어서, 바람이 불어서, 꽃이 너무 눈부시게만 한들거려서, 거리에서 아이들이 까르르 웃어서, 거리에서 아이들이 웃지 않아서, 거리에서 아이들에게 따라붙는 그림자가 너무 길고 가냘퍼서, 눈물을 훔치는 날들이 계속되었다. 그리고 나는 한동안 아무 글도 쓸 수 없었다.

시는 더더욱 쓸 수 없었다. 세월호 시집을 묶는다며 청탁

이 왔을 때도 나는 거절할 수밖에 없었다. 여전히 나는 슬픔과 절망으로 통째로 흔들리고 있었다. 세월호 집회에 나갔고, 세월호 낭독회 사회를 맡았고, 다른 시인이 쓴 세월호 시를 대신 낭독하기도 했으며, 세월호 진상 규명과 특별법 제정을 위한 성명서에 이름을 올렸지만, 내 언어는 그 충격적인 참사 앞에서 내내 무기력하기만 했다. 그 무기력은 아직 해소되지 않았으며 앞으로도 좀처럼 해소되지 않을 것으로 보인다. 내가 그 무기력 끝에 겨우 끄적인 것이라곤 짧은 메모뿐이다. "불가능한 노래를,//극지 혹은 극피인,//부르튼 입술, 부르튼,//이름, 끝내 발음하지 못한,//불가능한 당신께,//간신히 사람의 소리로,//사람의 얼굴을 하고,//여태 사람 행세나 하면서,"(시집 『당신이 어두운 세수를 할 때』 표지글).

내 언어가 무기력했던 것은 비단 세월호 앞에서만은 아니었다. 용산 참사 앞에서도 그랬고, 4대강 현장에서도 그랬으며, 강정 마을 구럼비 앞바다에서도, 쌍용자동차 사태, 한진중공업 사태 때도 그랬다. 관련 집회나 행사에 참여했고, 관련 성명서에 서명했고, 몇 편의 산문을 써서 발표했지만, 시는 쓰지 못했다. 내 언어가 압도적이고 선정적인 현실을 담아내고 그 모순을 드러내기엔 역부족이라고 생각했고, 그 특정한 현실의 문제에 가해진 수많은 진단과 반성을 뛰어넘을 수 있을 것 같지 않았다. 그러면서 동시에 그 생각은 맞는 것일까 회의하곤 했다. 시인에게 현실은 언제나 극복해야 할 억압이지만, 어떤 현실은 시인에게 책임을 요구하며 또다른 억압으로 작용하기도 한다. 이 이중의 억압에서 과연 자유로울 수 있을까, 회의하고 고민했다. 회의와 고민은 아직 진행중이다. 이 글은 그러므로 내 회의와 고민의 흔적이다.

2.

최근 한 언론사 뉴스 프로그램 한 꼭지에서 시가 자주 인용되곤 한다. 이 꼭지는 현실에 대한 문제 의식을 좀더 효과적으로 시청자들에게 각인시키기 위해 종종 시를 인용한다. 시청자들은 뉴스에 부분 인용된 시적 언어의 감성을 자신의 감성적 경험과 동일시하면서 뉴스가 다루고 있는 현실의 문제가 자신과 동떨어진 문제가 아니라 자신의 문제일 수 있다는 사실을 깨닫게 된다. 이런 점에서 뉴스 프로그램이 시를 인용하는 것은 분명 긍정적인 면이 있다. 그러나 거기까지다. 이 인상적인 뉴스의 꼭지는 저널리즘이 시에 접근하는 방식이 어떠한지를 잘 보여준다.

저널리즘은 시민사회의 윤리와 상식에 바탕한다. 인용되는 시의 구절이란, 그러므로 시민사회의 윤리와 상식 선에서 포착되는 시의 구절이다. 즉, 뉴스를 시청하는 대중의 눈높이에서 이해할 수 있는 시의 '부분'이라는 말이다. 시에 대한 이러한 접근법은 시에 대한 대중의 오해에 근거하며 그 오해를 더욱 공고히 하는 방식으로 작동한다. 시적 언어의 모호성이란 여기서는 용납되지 않는다. 모호성이 제거된 시적 언어는 현실의 지시적 언어의 성격을 조금도 벗어나지 못하고, 이미지는 현실에 대한 충실한 재현에 불과하며, 시 자체가 현실의 변혁에 복무하는 도구적 언어로 전락하기 쉽다. 시의 입장에서 극단적으로 말하자면, 이러한 오해는 시적 언어를 타락시키고 오염시킨다.

최근 몇 년 동안 한국 사회에서 발생한 압도적이고 문제적인 현실 앞에서 시는 현실에 대한 반영과 참여를 꾸준히 요구받아왔다. 일견 합당한 요구이지만, 요구의 의도는 앞서 말한 저널리즘적 단순성에서 크게 벗어나 있는 것처럼 보이지 않는다. 이러한 요구는 현실의 총체성에 대한 확고한 믿음 속에서 전개된다. 한때 우리 시는 총체적 현실의 담론을 주도했다. 몇몇 시인들은 지금 시가 그때만큼의 위상을 지니지 못했고 독자와 대중에게 그만한 영향력을 미치지 못한다고 한탄하기도 한다. 그러나 시가 그러한 역할을 하며 소위 '시의 시대'를 구가했던 것은 한국사회의 특수한 상황 때문이었다. 오히려 그것은 역설적인 상황이며, 시의 입장에서 보면, 매우 특수하고 비정상적이었다고 말해야 옳다. 시는 담론을 넘어선 질문이이야 하며, 그 질문은 저널리즘이나 시민사회가 진단하는 현실의 모순과 대안을 넘어선 질문이어야 하기 때문이다.

시는 현실의 총체성에 대한 믿음에서 출발한다기보다는 그 총체성에 속하지 못한 현실의 잔해들로부터 비롯되기 쉽다. 그렇게 표현된 시적 현실은 실제 현실을 초과한 현실이며 불가능한 현실이다. 현실의 잔해들로부터 시는 다양한 시적 현실을 파생시켜 우리 앞에 펼쳐놓으며, 우리가 아직 가닿지 못한 불가능한 시간들을 총체적 현실이 간과하거나 결핍한 자리에 채워 넣는다. 세계에 대한 새로운 질문은 그렇게 탄생한다. 그러면서 언어는 스스로 진보한다. 이러한 시적 과정은 그 자체로 이미 현실에 대한 정치적 행위라고 나는 믿는다. 그러나 이 사실은 압도적 현실 앞에서는 좀처럼 인정되지 않는다. 시민사회는 자신들의 역량과 상식의 범주 안에서만 시의 역할을 부여하려 한다.

시가 시민사회의 윤리에 부합해야 하며 시민사회의 진보적 가치에 복무해야 한다는 생각은 점점 더 강고해지는 것처럼 보인다. 그런 생각들은 의외로 문학장 안에서도 심심치 않게 감지된다. 맥락이 다른 이야기이지만, 최근 표절 사태나 문단권력의 문제, 문단 내 성폭력 사태 등의 문학계 위기의 원인을 문학과 현실의 관계에서 찾는 경우가 종종 눈에 띈다. 문학계의 만연한 모순적 현실을 문학이 외면한 결과라는 것인데, 그 말엔 나는 전적으로 동의한다. 시민으로서 시인은 당연히 시민사회의 윤리에 부합해야 하며 시민사회의 가치를 따라야 함은 당연하다.

그러나 그 외면이 시적 주체 때문이라고 주장하며 시적

주체를 이제 그만 폐기하자는 말에는 동의하기 어렵다. 시가 '윤리를 넘어서는 윤리'를 추구해야 하며 '가치를 넘어선 가치'에 지향해야 한다는 것은 시의 오랜 신념이다. 그것은 시민사회라는 상식적 세계가 부여한 시의 역할 안에서는 가능하지 않고, 시민으로서의 시인을 시적 주체라는 장치 없이 화자와 동일시해서도 가능하지 않다고 생각한다. 이런 시도와 주장이 시가 시민사회의 상식의 볼모가 되는 결과를 낳지나 않을까 우려되기도 한다. 시가 보여주는 현실은 시적 주체의 현실이며, 그것은 현실 너머 현실이며 기억 너머 기억이기 때문이다. 결국 모순된 현실의 잔해로부터 불가능한 시간을 견인하는 것은 실제 현실에 속한 시인 자신이라기보다는 그 현실을 넘어선 시적 주체의 몫이라고 할 수 있다.

하므로, 나의 회의와 고민의 여정은 새로운 시적 주체를 찾는 과정이라고 하겠다. 그러나 그것은 가능할 것인가.

3.

그럼에도 시는 쓰이고 있다. 시에 관한 수많은 오해와 미성숙한 태도 속에서도 즉물적 현실로부터 비롯된 시들이, 그것도 좋은 시가 쓰인다는 사실은 놀라운 일이다.

우리는 원하지도 않는 깊이를 가지게 되었습니다

땅으로 내려갈 수가 없네요 보이지 않는 사람들과 싸우는 중입니다 지붕이 없는 골조물 위에서 비가 오면 구름처럼 부어올랐습니다 살냄새, 땀냄새, 피냄새

가족들은 밑에서 희미하게 손을 내밀고 있습니다 그 덩어리를 핥고 싶어서 우리는 침을 흘립니다

이 악취의 이름은 무엇일까요 공중을 떠도는 망령을 향하여 조금씩 옮겨 갑니다 냄새들이 뼈처럼 단단해집니다

상실감에 집중하면서 실패를 가장 실감나게 느끼면서 비가 올 때마다 노래를 불렀습니다 집이란 지붕도 벽도 있어야 할 텐데요 오로지 서로의 안쪽만 들여다보며 처음 느끼는 감촉에

살이 떨립니다 어쩌면

지구란 얇은 판자 같은 것인지도 모르겠습니다 조심스럽게 내려가지 않으면 실족할 수밖에 없는 구멍 뚫린 곳

우리는 타오르지 않기 위해 노래를 불렀습니다 무너진 골조물에 벽을 세우는 유일한 방법

서서히 올라오는 저녁이 노래 바깥으로 흘러갑니다 그림자를 길게 드리우며 우리는 냄새처럼 이 공중에서 화석이 될까요

집이란 그런 것이지요 벽이 있고 사라지기 전에 냄새의 이름도 알 수 있는

우리는 울지 않습니다 그저 이마를 문지르고 머리뼈를 기대고 몸에서 몸으로 악취가 흘러가기를 우리는 남겨두고 노래가 내려가 떨고 있는 두 손을 핥아주기를

— 이영주 「공중에 사는 사람」 전문

이 시는 즉물적 현실에서 취한 감각들로 시적 주체가 어떻게 현실을 초과하는지 잘 보여준다. 이 시를 처음 읽은 사람들은 이 시가 어떤 현실의 문제와 연관되었다는 것조차 떠올리기 쉽지 않다. 그저 슬프고 저 '공중'으로부터 흘러온 슬픔이 마음을 헤집으며 이전에는 경험해보지 못한 이상한 비애감에 휩싸이는 자신을 발견하게 될 것이다. 그래도 상관없다. 현실 문제에 조금이라도 관심이 있었던 사람이라면 이 시의 감각들이 쌍용자동차 사태와 용산 참사와 한진중공업 사태에서 벌어진 고공농성의 현장에서 비롯되었다는 사실을 눈치챌 수 있을 것이다. 그래도 상관없다. 특정한 현실을 떠올리거나 떠올리지 않거나에 상관없이 이 시는 우리를 불가능한 시간으로 데려간다.

'원하지도 않는 깊이'란 현실의 정황에서 발견된 감각이겠지만 결국 깊이가 향하는 곳은 현실 너머이다. 생존과 집과 그것들의 골조를 이루는 냄새들의 이름도 호명할 수조차 없는, 현실과 닮았지만 물리적 현실뿐 아니라 존재론적 현실마저 아우르는 또다른 현실이며, 거기로부터 피어오르는 절망은 생존의 위협뿐 아니라 아슬아슬한 존재의 허상들을 드러낸다. 하여, '노래'는 불가능한 노래이다. 벽도 지붕도 없이 "서로의 안쪽"의 감촉만을 집이라고 느껴야 하는 자들에게 "벽을 세우는 유일한 방법"인 노래는 우리가 알고 있는 노래 너머 노래이며, 그것은 또한 아직 이 지상에 닿지 않은 불가능한 시간에 다름 아니다.

우리에게는 이런 시가 더 많이 필요하다. 내 고민과 회의는 아직 이 시에 이르지 못했다.

4.

나는 더디다. 나는 그 사실을 너무도 잘 알고 있다. 재현적 현실에 육박하는 언어로 즉각적으로 현실 문제에 대응하는 일이란 처음부터 내 능력 밖의 일었는지 모른다. 그러나 현실에 들이댄 예민한 촉수를 거둘 수는 없다. 그 때문에 먼저 아프고 더 많이 아파도 그것은 불가피하다. 현실은 억압이지만, 한편 나를 시인이게 하는 이유이기 때문이다. 다만 더디 갈 뿐이다. 그러나 언젠가 그 길 위 나를 압도했던 현실의 파편과 잔해들 사이에서 새로운 시적 주체를 만날지도 모른다는 믿음은 있다. 그가 내가 한번도 상상하지 못하는 시간들을 견인하며 현실을 향해 불가능한 질문을 던질 것이란 믿음 또한. 그리고 그 자리에서 나는 다시 회의하고 회의할 것이다. 고민하고 고민할 것이다. 현실에 대해서 시에 대해서 결코 화해할 수 없는 언어들에 대해서. 그 여정은 결코 끝나지 않을 것이다, 내 시가 끝나지 않은 한.

짧은소설

소설 분서(焚書)

빈 편전에서 왕은 용상에 홀로 비스듬히 팔을 괴고 앉아 있었다. 오후 햇살에 편전의 기둥들이 제 그림자를 점점 길게 늘이고 있었다. 기둥 그림자 하나가 용상을 가로지르고 있었다. 그림자 안에서 왕의 눈이 유난히 퀭하게 빛났다. 왕은 두루마리 서찰 하나를 들여다보고 있었다.

왕이 서기관 쪽으로 고개를 들었다. 용안은 부쩍 수척해져 있었다. 동정은 헐거워 목은 유난히 가늘고 길어 보였다. 낯빛은 거무스름하고 입술은 껍질이 허옇게 일어났다. 머리 위에 걸친 익선관도 벗겨질 것처럼 위태로워 보였다.

"이것을 본 적이 있느냐?"

왕은 두루마리를 내밀었다. 서기관은 머리를 숙인 채 조심스럽게 왕 앞에 다가갔다. 서기관은 왕에게서 두루마리를 받아들었다. 그것은 김안이 왕에게 보낸 서찰이었다. 그것은 서찰이기보단 시였다.

이곳에 유배된 지 수 삼 년 원통도 원망도 꽃 피고 꽃 지는 일이나 한가지로 되었는데, 한날은/저녁참에 사립문 안쪽이 소란스러워 손바닥만한 뜰에 나섰더니/임금의 용안을 한 물고기가 썰물도 거슬러 기어를 오는 거였더랬다/입을 뻐금거리며 눈알 끔벅거리며 아가미 겨우 여닫으며/결코 한 마리는 아니고 떼로들 몰려서 수많은 용안의 물고기들/사립문 안쪽에서 날이 저물고 새도록 찍찍 울며 파닥파닥거리는 것이었으니// 한잠도 자지 못하고, 배는 쓸려 창자 쏟아지면서도 울음 그치잖고/지느러미조차 닳아 앙상한 용안의 물고기 한 마릴 주워 들여다보았으나/그놈의 얼굴 용안이 씌었으되 결 고운 비늘마다마다엔 내 얼굴 비춰 있어/그놈들을 무어라 불러야 할지 몰라 하루 내 전전긍긍하였더랬다/그놈들의 이름은 한 얼굴의 임금 쪽인가 수많은 얼굴의 내 쪽인가 하였으나/감히, 그 이름, 지어내지 못하였는데, 생기를 잃고 피그르르 무너지는 놈들마저도/찍쩍 찍쩍 도무지 울음 그칠 줄 몰랐으므로 죄다 그러모아 솥에 넣고 삶았다/내 얼굴 비춰 있던 비늘이야 죄 털려 떨어졌어도 비린 날 것이던 용안은/푹푹 잘 익은 용안이 되었더랬으나, 그에 멈추잖고 장작 한 부석 더 메어/고고 고았더니 용안도 내 얼굴도 간데없고 보얀 국물만 남았더라/예부터 용안을 삶아 먹었다는 말은 없거니와 기름기 하나 없는 국물이/보양 될 리 만무하다 여겨 시궁으로 흘려보내고 그만 말았다/감히 이름을 지어내지 못하였으니 후세에 이 물고기를 만나서도/그저 이름 없는 물고기라 용도도 맛도 알기 어렵고/백성들이 용안을 알아보기 또한 어려우니, 기록하여 전한들 무에 쓸데 있겠는가, 하여 이 또한 그만 말았다[1]

김안은 얼마 전 궁궐 앞에 머리가 내걸리었다.

왕은 서찰을 받자마자 대노했다. 신하들을 앞다투어 이 시가 왕을 능멸하기 위함이라는 의견을 내었다. 신하들은 김안을 당장 불러들여 대역죄로 처형해야 한다고 입을 모았다. 왕은 신하들의 의견을 따랐다. 며칠 뒤 김안은 유배

1) 졸시 「분서 7」 전문.

지에서 궁으로 불러 올려져 효수되었다.

국문장에서 김안은 입을 앙다물었다. 말뿐 아니라 신음 소리 한번 그의 입에서 새어 나오지 않았다. 다만 눈물만 쉬지 않고 흘려대었다. 눈물에 아른거리는 그의 눈빛이 국문에 직접 참여한 왕에게로만 향했다. 왕에게로 향한 눈빛은 결코 흔들리는 법이 없었다. 눈빛은 분명 슬픔으로 가득차 있었지만 이상하게도 강렬했다. 왕이 서둘러 참형을 명한 것은 어쩌면 그 강한 슬픔의 눈빛 때문이었는지도 모른다고 서기관은 생각했다.

"예, 전하, 본 적이 있사옵니다. 대역죄인 김안이 올린 서찰 아니옵니까?"

서기관은 두루마리를 펼쳐 일별하고는 다시 왕의 손에 되올려 놓았다.

"처음엔 이 시가 무슨 말인 줄 알겠었다. 대신들도 이 시가 짐을 능멸하는 시라 분명히 고하는 것을 너도 보지 않았느냐?"

"예, 전하."

"한데, 안이가 죽고 나는 이 시를 하나도 알 수가 없어졌다. 이게 도무지 무슨 말인지 생각하면 생각할수록 머릿속이 실타래 엉킨 것처럼 되는지라, 밤에는 잠도 잘 수 없다. 너는 이 뜻을 알겠느냐?"

"미천한 소신이 어찌 알겠사옵니까? 대신들이 말한바 이 시는 전하를 능멸하는 것이라고……."

서기관은 말을 맺지 못하였다. 능멸이라는 단어를 발음하자마자 눈물로 범벅이 된 김안의 얼굴이 떠올랐다. 효수됐는데도 김안의 얼굴은 변함없이 눈물을 흘리며 왕에게 눈빛을 보내는 것처럼 보였다. 몸에 소름이 돋았다. 진저리가 쳐졌다.

왕은 김안이 죽고 난 뒤 부쩍 말수가 없어졌다. 편전 회의 중에도 허공을 바라보는 일이 잦아졌다. 왕에게 간 김안의 눈빛이 아직 왕에게서 떨어지지 않은 모양이라고 서기관은 생각했다.

김안은 왕의 오랜 동무였다. 세자 시절부터 왕은 젊은 학자였던 김안을 아꼈다. 선왕이 승하했을 때 김안만큼 세자에게 위로가 된 사람은 없었다고 왕은 자주 말하곤 했다.

"전하, 어의 들었사옵니다."

왕은 표정을 풀고 정좌했다. 서기관은 편전 가로 비켜났다.

어의는 왕 앞에 꿇어앉아 머리를 조아렸다. 어의는 왕의 눈치를 살피며 아뢰었다.

"전하, 아뢰옵기 황송하오나, 왕비 마마께오서 왕자 아기씨를 생산하시었사옵니다."

어의의 말끝이 조금 떨렸다. 떨림은 편전의 무거운 공기 속에 곧 짓눌렸다.

"뭐라? 다시 말해보라."

왕은 어리둥절한 표정으로 어의를 내려다봤다.

"왕자 아기씨가 탄생하셨사옵나이다."

쩔쩔매는 표정으로 어의가 겨우 대답했다.

"뭐라? 그게 무슨 말이냐? 지금 왕비가 출산을 했다고 짐에게 고하는 것이냐? 자세히 좀 말해보라. 이게 무슨 말이냐?"

"소신도 전에 겪어보지 못한 기이한 일인지라, 어찌된 영문인지 알 길이 없사옵나이다."

어의가 다시 머리를 조아렸다. 숙인 그의 얼굴이 붉어졌다. 식은땀이 그의 얼굴에 송글송글 맺히고 있었다.

"칠삭둥이 팔삭둥이는 들어보았으나…… 사람이 어

찌…….”

말을 끝맺진 못했지만 왕의 말소리가 쩌렁쩌렁 편전을 울렸다.

“왕비가 생산한 것이 정녕 사람이 맞느냐?”

“맞사옵니다…… 소신이 확인한 바로는 분명 왕자 아기씨였사옵니다.”

“네 놈이 나를 능멸하려 드는 게냐. 그 말을 나더러 지금 믿으라는 게야?”

왕의 목소리가 더욱 커졌다. 편전을 무너뜨릴 듯이 커다란 목소리였다.

“화, 황공하옵니다. 전하.”

어의는 아예 부들부들 떨고 있었다.

어의가 태맥을 짚은 것은 이레 전이었다. 어의는 왕비가 건강하여 아홉 달 뒤 정상적으로 출산하는 것이 아무 문제 없다고 왕에게 아뢨다. 왕은 그 어느 때보다 기뻐했다. 보위에 오른 지 12년 만에 처음 왕비가 임신을 한 터였다. 왕은 각별히 왕비의 건강에 신경을 쓰라고 어의에게 명했다.

왕은 선 채로 한동안 아무 말도 하지 않았다. 왕의 안정이 복잡하게 흔들리고 있었다. 왕은 다시 용상에 앉아 팔을 괴었다. 왕은 안정을 감았다. 미간에 주름이 잡혔다. 한동안 정적이 이어졌다. 편전에 공기가 무겁게 내려앉았다. 서기관은 허리를 숙인 채 움직이지 않았다. 편전 바닥을 떠돌던 햇빛 알갱이들이 그의 발끝에서 어른거리고 있었다. 서기관은 발끝이 간지러운 것 같아 살짝 버선 끝을 움찔거려보았다.

"이 사실을 누가 아는가?"

오랜 침묵을 깨고 왕이 입을 열었다.

"저와 의녀 몇, 그리고 왕비전 궁녀들이옵니다."

"그들에게 모두 함구하라 일러라. 이를 발설할 시에는 죽음을 면치 못할 것이다."

왕의 어조는 낮고 단호했다.

"왕비는 무사한가?"

"왕비 마마께오서는 금세 평안을 되찾으셨사옵니다."

왕은 차마 왕자라는 말을 입에 올리지 못하겠는지 한참만에 입을 열었다.

"아이는?"

"왕자 아기씨 또한 아주 건강하시옵니다."

왕자라는 말을 어의가 발음할 때 왕의 미간이 심하게 구겨지는 것이 보였다.

"짐이 직접 봐야겠구나. 어서 앞장서거라."

왕과 어의가 서둘러 편전을 나섰다.

기둥의 그림자는 조금 더 길어졌다. 서기관은 제 책상에 가 앉았다. 문득 한기가 느껴졌다. 편전 내부에 그늘이 깊어진다. 서기관은 처음으로 그 그늘이 음산하다고 느꼈다.

"이제 비로소 시작되는 것인가?"

서기관은 중얼거렸다. 왕도 비기(秘記)를 떠올린 것이 틀림없었다. 그렇지 않고서야 그리 쉽게 흥분을 가라앉힐 왕이 아니었다.

비기가 궁궐의 서고에서 발견된 것은 왕이 보위에 오른 지 10년이 흘렀을 때였다. 김안이 그것을 찾아냈다. 처음에 그는 그저 희한하게만 여길 뿐 그리 심각하게 생각지 않았다고 했다. 술에 취해 무심코 어느 정승에게 말했는데, 일이 커졌다. 비기는 왕조의 몰락과 나라의 패망을 예언하고 있었다.

총 10절로 된 비기의 내용은 끔찍하기 이를 데 없었다.

1　이 해에는 아기들이 헤아릴 수 없이 태어날 것이로다 아기들의 머리는 다 익은 박보다 커 제 몸의 서너 배에 이를 것이니 이들을 낳은 어미들의 가랑이는 모두 찢어져 너덜너덜해질 것이고 그중 어떤 어미들은 뱃가죽이 터져 죽고 아직 양막을 뒤집어쓴 아기들이 제 머리의 무게를 못 이기어 자꾸 고꾸라지고 고꾸라지고 할 것이로다

2　아기들의 머리 점점 부풀어 이 해의 가물고 가문 어둠 속에서 마침내 펑펑 아기들의 머리가 터질 것이로다 바람 빠진 커다란 고무공처럼 쪼그라든 아기들의 머리에서 쌀뜨물 같은 물이 흥건하리로다 이 허여멀건한 물에 닿은 자는 남자고 여자고 아이고 노인이고 할 것 없이 머리 큰 아기를 낳을 것이리니 생산은 끊임없이 징글징글 계속될 것이로다

3　이 해에는 또 이미 멀쩡히 자란 아이들도 그들의 성기가 여물 때까지 멀쩡히 자라나지 못할 것이로다 아이들은 하얗고 가지런한 이와 붉은 잇몸을 빛내며 환하게 웃고 히히덕거리며 제 가족의 살을 물어뜯을 것이로다 가족을 다 물어뜯고는 이

번에는 제 이웃의 살을 그도 다 물어뜯으면 제 동무의 살을 물어뜯을 것이로다 뜯다뜯다뜯다 지치면 제 야들야들한 살들을 물어뜯으리니 그때에도 환한 웃음을 멈추진 않을 것이로다

4 이 해에는 꽃들이 모두 가래를 뱉어낼 것이므로 곡식과 열매의 값이 높이 치달을 것이로다 그나마 싱싱한 빛깔을 지닌 열매와 곡식들은 이를 구해 먹을 사람이 적으므로 거의가 다 썩어갈 것이로다

5 궐안의 연못 물고기들은 느닷없이 커지고 비좁은 연못에서 아가미를 여닫으며 파닥거리고 비좁은 연못도 느닷없이 커진 물고기를 따라 넓어지고 깊어지고 혜성들은 꼬리가 휘어지며 때를 가리잖고 곤두박질치고

6 뱀은 허물을 벗지 못할 것이로다 몇 겹의 허물을 뒤집어쓰고 몸부림치던 뱀들은 꼬리에서부터 제 몸을 입으로 삼켜들어갈 것이니 마침내는 모조리 제 몸을 삼켜 머리만 점처럼 남았다가는 그마저도 다 먹어치워 사라질 것이로다 나라가 이와 같을지니

7 이 해가 오기 한 해 전부터 저잣거리에 이 말들은 두루마리로 은밀히 전해지며 떠돌 것이로다 말들은 오호 무섭게시

리 새끼에 새끼를 치며 사람들의 온몸에 오소소 소름 돋울 것인데

8 왕은 이 말들을 퍼트린 최초의 자들을 잡아들이기에 골몰할 것이로다 대신들을 모두 수종을 앓기 시작할 것이로되 왕은 이 낌새를 눈치채지 못할 것이나 후일에 왕은 대신들의 옷을 모두 벗겨 수종을 음낭에 난 것까지 모조리 터트릴 것이로다 이 말들을 퍼트렸다고 의심되는 자들은 왕의 가장 가까운 사관들일 것이로다 이들이 잡히는 날은 삼동에도 춥고 추운 날인지라

9 궐안의 넓어진 연못도 두껍게 얼음을 이고 있으리니 왕은 이들을 묶어 연못 한가운데 세워둘 것이로다 아직 펄펄 살아 사람보다 커진 연못의 물고기들이 얼음 아래에서 머리를 부딪혀 얼음을 깰 것이로다 얼음은 깨어지고 깨어진 얼음의 날카로운 조각에 죄인들의 목 댕강 잘려 얼음 위를 나뒹굴 것이로다 몸은 애진작에 물고기밥이 될 것이로다

10[2]

2) 졸시 「분서 4」 부분.

10절에서 두루마리가 찢겨 있었다. 누군가 일부러 뜯어낸 흔적이었다.

왕은 진노했다. 왕은 즉시 비기를 작성한 자를 물색해 왕 앞에 대령하라 일렀다. 사헌부에서는 온 인력을 동원해 수사에 착수했다. 수일이 지나도 수사에 별 진척이 없었다. 왕은 비기의 내용에 나온 사관들을 조사하라 명했다. 사헌부가 조사에서 별 실효를 거두지 못하자, 왕이 직접 나섰다. 사관들은 왕 앞에서 억울함을 호소했다. 김안은 강력하게 이들을 변호했다. 우선 비기가 오래된 것으로 보이고, 비기에 드러난 왕조가 현재를 일컫는다는 어떤 설명도 없다는 논리를 폈다. 왕의 머릿속은 이미 화로 가득차 있는 것처럼 보였다. 한번 왕이 화로 둘러싸이면 누구의 말도 듣지 않았다.

사관들은 며칠 뒤 바로 참형에 처해졌다. 비기는 불태워졌다.

김안이 왕에게 사관들을 변호할 때부터 말이 떠돌기 시작했다. 말인즉슨, 김안이 이를 작성해 제가 발견한 것으로 꾸몄다는 것이다. 말은 곧 왕의 귀에까지 들어갔다. 이미 대신들의 한편은 김안을 대역죄인으로 낙인찍어놓고 있었다. 김안을 왕이 싸고도는 데 대한 시기도 작용했을 터였다. 왕은 고심했다. 홍분에 못 이겨 사관들을 죽인 것에 더해 김안까지 죽일 수는 없었다. 결국 왕은 김안을 유배 보내기로 결정을 내렸다. 그의 죄는 혹세무민이었다.

유배를 떠나기 전날 왕과 서기관은 옥에 갇힌 김안을 찾았다. 봉두난발로 김안은 옥중에 좌정하고 있었다. 왕을 보자 김안은 희미하게 웃어 보였다.

"말을 살피소서. 전하. 말을."

김안의 마지막 말이었다.

인기척이 들리고 편전의 문이 열렸다. 서기관은 자리에서 일어나 허리를 숙였다. 왕은 말없이 걸어 들어와 용상에 앉았다. 편전은 이제 더 이상 해의 기운이 없었다. 어슴푸레한 빛의 알갱이들이 편전의 바닥을 맴돌고 있었다. 궁녀들이 들어와 벽에 걸린 등에 불을 켰다. 용상 곁의 탁자 위에 놓인 초에도 불을 켜고 궁녀들은 없는 듯 조용히 뒷걸음질쳐 나갔다.

"이 무슨 불길한 징조란 말인가. 어찌하여 짐에게 이런 일이 일어난단 말인가."

왕은 곧 용상에서 일어나 용상 앞에서 왔다 갔다 했다. 좀처럼 왕은 혼잣말을 멈추지 못하고 있었다. 그러다가 왕은 문득 멈췄다. 서기관을 그제야 발견한 듯 말했다.

"아직 퇴청하지 않았느냐?"

"전하가 걱정되어……."

"진실로 네가 나를 걱정하는 것이냐?"

"예, 전하."

"너 역시 비기를 떠올린 것이 아니냐?"

왕의 날카로운 눈빛이 느껴졌다. 서기관은 입을 다물었다.

"말해보라. 그런 것이 아니냐?"

"그러하긴 하오나, 소신은 진실로 전하가 걱정되어……."

"하하하하하하."

왕이 갑자기 웃음을 터뜨렸다.

"짐이 모를 줄 아느냐? 다들 그 비기에 대해 아직 수군거리고 있는 줄을. 너 역시 지금 비기를 떠올렸다고 그러지 않았느냐. 짐에게 와서 왕조가 파멸하리라고 너 역시 생각하고 있었던 것 아니냐? 그래, 새로운 왕이라도 옹립할 준

비를 하고 있는 것이냐? 병부가 언제 움직인다더냐? 말해 보라."

서기관은 침착을 유지했다.

"아니옵니다. 전하. 소신은 진실로 전하가 걱정되는 것뿐이옵니다."

"하하하하하하, 네 놈의 아비가 누군 줄 내가 모를 줄 알았더냐?"

왕이 아비를 들먹이자 서기관의 눈꺼풀이 살짝 흔들렸다.

"네 아비가 어느 날 사라진 일을 짐은 똑똑히 기억하느니라. 그 일로 선왕께서는 병을 얻었지. 선왕께서는 결국 얼음을 게워내며 승하하시었느니라."

거짓말이다. 화를 자초한 것은 선왕이었다. 선왕은 폭군이었다. 수많은 충신과 유생이 그에게서 목숨을 잃었다. 살아남은 자들은 아무도 왕에게 고언을 하지 않았다. 그들은 공포의 노예가 되었다. 선왕은 실록을 고치려 했다. 서기관이었던 아비는 그 일에 가담하지 않으려 그 길로 퇴청해 집을 나갔다. 어미는 집안이 풍비박산하지 않으려 남은 가산을 모두 털어 대신들에게 쏟아부었다. 다행히 모자는 살아남았다. 그 일은 금세 잊혔다. 남은 서기관들은 왕의 지시대로 실록을 고쳤다. 실록을 고친 뒤 선왕은 시름시름 앓기 시작했다고 한다. 서기관은 아비가 필경사가 되었다는 풍문을 후에 전해 들었다.

"소신 아비의 얼굴도 기억하지 못하옵니다. 아비를 원망하며 자랐사옵니다."

거짓말이다. 서기관은 아비를 그리워하며 자랐다. 그가 서기관이 된 것도 아비의 흔적을 찾아보려는 심산이었다.

"이제 와서 아비가 무슨 상관이겠사옵니까마는, 전하께서 아비의 일을 꺼내시니 아직도 낙인처럼 제 몸에 떨어지지 않은 아비가 더욱 원망스러울 따름이옵니다. 전하, 소신의 충심을 믿어주시옵소서."

서기관은 엎드려 바닥에 머리를 숙였다.

편전의 문이 갑자기 열렸다. 편전 내시가 고하지도 않았는데, 어의가 황급히 뛰어들어 왔다.

"전하, 급히 왕비전으로 납셔보셔야 하겠사옵니다."

숨을 헐떡거리며 어의가 아뢨다.

"무슨 일이냐?"

"여기선 말씀드리기 곤란하오니, 납시어 직접 보심이……."

왕과 어의가 나가고 다시 편전에 정적이 감돌았다. 이때금 촛불이 흔들려 기둥의 그림자가 바닥에 어른거렸다. 서기관은 여전히 편전 바닥에 엎드려 있었다. 서기관의 어깨가 조금씩 떨리기 시작했다. 이어 조그만 흐느낌이 그에게서 새어 나왔다.

"아버지, 말이 무엇이간대, 저를 이토록 옥죄는 것입니까. 아버지나 소자나 어찌 말로 기록하는 자가 되었습니까. 제 말의 운명은 무엇입니까……."

흐느낌은 좀처럼 멈춰지지 않았다.

아비의 흔적은 궁궐에서 찾아지지 않았다. 어느 날, 서신이 서기관 앞으로 도착했다. 보낸 이도 안부도 없는 서신이었다.

선왕께서 한 날은, 이제 봄! 이라 하시매, 이제 봄! 이라 적었나니, 어디서 불려왔는지 모를 사내아이들과 계집아이들의 웃음소리가 궐안에 시끌시끌 넘쳐났더이다 하나, 꽃처럼은 아니고 나비처럼만 궁의 뜰을 날아서 연회에까지 불려나와 시끌시끌 신하들의 귀에 달라붙어 앉았는데 신하들 죄다 귀에서 피를 쏟고 쓰러졌더이다 선왕께서 한 날은, 비로소 봄! 이라 하시매, 비로소 봄! 이라 적었나니, 궁궐의 나무란 나무는 모도 꽃필 자리에 종기를 매달고 곪고 곪다가 끝내는 툭, 툭, 터져 피고름 온통 질질질 낭자하고 궐안이 썩은 내로 진동하였으니 어린 내시들의 성기 모조리 잘리고 어린 무수리들 모조리 처녀를 잃고 꼬부랑꼬부랑 하루아침에 늙은 뒤였더이다 선왕께서 한 날은, 시름에 겨워 짐이 봄! 하면 거짓으로라도 봄일진대 야속코 야속타, 하시며 다시 꽃! 하시매, 다시 꽃! 이라 적었나니, 헤아릴 수도 없는 뱀들만 타래타래로 뻗센 비늘마다 꽃을 피워 궐안에 창궐했더이다 선왕께서는, 그예 광분하시었나니, 그러기가 삼동 휘몰아치는 눈보라 같았더이다 구중의 담장과 벽들 꽝꽝 얼어붙어 고드름조차 달리잖고 불기운도 없는 냉골의 침소에서 온몸에 동상을 입어 쩍쩍 갈라져 터지는 얼굴로 선왕께서 친히 불러 이르시되, 실록에는 가까스로 봄! 이라고만 라고만 기록하라, 가까스로 하시매, 소신 망극에 망극을 무릅쓰고 그 길로 퇴궐하여 이날 입때껏 필경사로나 떠돌았사온

데, 한 이른 봄 들리는 풍문에 실록이야 씌어지기가 부지하세 월인데 선왕께서는, 시푸르뎅뎅 산송장으로다만 가까스로 봄! 이라고만 라고만, 얼음 게워내며 지껄이고 지껄이신다 하였더이다[3]

서체로 보아 아비의 것임이 분명했다. 서기관은 남몰래 울었다. 실제로 그런 일이 궁궐에서 일어났는지는 알 수 없었다. 실록은 고쳐졌고, 선왕이 죽고 현재의 왕이 보위에 오르자마자 실록 수정에 참여했던 서기관들은 참형에 처해졌다.

공포의 잔재는 여전히 남아 현재의 왕의 치세에도 영향을 미쳤다. 김안만이 유일하게 그 공포로부터 자유로워 보였지만, 그 역시 그 공포를 온전히 극복하지는 못했다. 게다가 그는 지금 여기 없다.

서기관은 아비가 보낸 서신의 내용이 실재이든 상징이든 그 본뜻을 읽으려 애썼다. 아비가 그에게 이 서신을 보낸

3) 졸시 「분서 3」 변형.

데에도 큰 뜻이 담겨 있을 것이라고 서기관은 생각해왔다. 서신이 너덜너덜해지도록 서기관은 읽고 또 읽었다. 읽고 또 읽는 동안 그것이 주술처럼 느껴졌다. 과거의 일을 주술로써 풀이한 그 말들이 자신의 몸을 휘감아드는 듯한 느낌에 사로잡히는 적이 많았다. 몸을 휘감은 말은 몸에서 영영 떨어지지 않을 것 같았다. 그 말들이 서기관에게는 자신의 운명처럼 느껴졌다. 어떤 운명인지는 짐작하기 어려웠지만, 운명이 시키는 대로 행동해야겠다고 서기관은 마음먹었다.

서기관은 흐느낌을 멈추고 마음을 다잡았다.

편전 밖에서 억, 윽, 하는 비명소리가 연거푸 들렸다. 왕이 돌아왔다. 핏자국은 보이지 않았지만, 피비린내가 왕의 몸에서 진동했다.

"고개를 들라."

서기관은 고개를 들어 왕을 바라보았다. 왕의 낯빛이 거무스름해졌다.

"꿈을 꾸느냐?"

힘없는 목소리가 겨우 그의 입에서 새어 나왔다. 맥락 없는 왕의 말에 서기관은 침묵했다.

"짐은 요즘 같은 꿈을 자주 꾼다. 궁궐의 정원에 이름 없는 풀이 우거지고 그 풀들 사이에 내가 누워 있는 꿈. 날은 점점 저무는데 짐의 몸에서 바람이 빠져나간다. 짐의 몸을 이뤘던 것은 바람이었다는 듯 바람이 빠져나간 몸은 홀쭉하게 내려앉고. 아무도 없고 아무 기척도 들리지 않고 하물며 새 한 마리 포르르 날지 않는 꿈. 안이가 짐에게 보낸 꿈인 게야. 꿈에서 깨고 나면 그런 생각이 든다. 한데, 안이가 말한 그 말은 무엇이었을까? 말을 살피라는 그 말은? 용안의 물고기는?"

왕은 혼잣말을 하듯 말을 뱉어냈다. 서기관은 잠자코 왕의 말을 들었다. 왕의 쓸쓸함이 김안의 죽음에서 온 것인지 오늘 일어난 기이한 일에서 오는 것인지 서기관은 알 수 없었다.

왕은 스스로 한 질문들의 답을 끝까지 알지 못할 것이라고 서기관은 생각했다. 왕의 말을 기록하는 자신은 그 질문들의 대답을 알까 서기관은 속으로 고개를 갸웃거려보았다. 왕의 말은 그러나 서기관에게서는 다른 말이 되는 것임에는 분명했다. 김안이 말하려고 한 것도 그것일지 모른다고 서기관은 생각했다. 아버지 역시 그것을 서기관에게 알려주려고 했던 것은 아닐까. 서기관은 오래 침묵했다.

"김안은 한번도 꿈에 나타나지 않더구나. 짐에게 일어난 일이 누군가 꾸는 꿈이면 좋겠다고 생각했다."

왕은 긴 한숨을 내쉬었다.

"짐은 어떤 왕으로 기록될 것인가. 내 속에 바람이 가득 들었었다고 기록될 것인가."

한동안 왕은 말이 없었다. 살짝 기울인 왕의 용안에 깊은 음영이 드리워졌다. 정적이 서기관의 어깨를 짓눌렀다. 이윽고 왕은 고개를 들었다. 왕의 안정에 실핏줄이 다 터졌다. 왕에 안정에 힘이 들어가는 것을 서기관은 눈치챘다. 잊고 있던 피비린내가 서기관의 코를 자극했다.

"그러고 보니 짐은 기록되는 자이고 너는 기록하는 자이렷다. 그러고 보니 짐보다야 네 붓끝이 힘이 센 것 아니더냐? 아니 그런가."

"아니옵니다. 전하. 어찌 소신의 하찮은 세필 붓 따위가 전하의 권위를 넘어서겠사옵니까?"

서기관은 차분하게 왕에게 대꾸했다.

"네 아비의 하찮은 세필 붓을 넘어서려다 짐의 부친은 비참하게 승하하시었다. 이래도 네 세필 붓을 하찮다고 할 것인가?"

왕의 목소리에 신경질이 묻어났다.

"전하께서는 백성을 다스리는 바와 같이 말도 다스리는 분이시옵니다. 제 말 또한 전하의 권위 안에 속한 줄로 아뢰옵니다."

서기관은 여전히 침착했다.

"그러하냐? 내가 실록을 바꾸자면 바꿀 것이냐? 네 아비처럼 도망가지 않을 자신이 있느냐?"

"그러하옵니다. 전하."

서기관은 지체없이 대답했다.

서기관은 자신이 기록을 바꾼다 한들 기억이 사라지지는 않을 것이라고 생각했다. 서기관들을 죽였다고 한들 기억이 사라지지는 않았다. 기억은 살아남아서 자신에게까지 유전된 사실을 서기관은 떠올렸다.

"실록을 읽어보았느냐?"

"예. 전하."

"실록이 모두 사실이라고 믿느냐?"

"예. 전하."

"선왕께서는 실록을 고치셨다. 그래도 사실이라고 믿느냐?"

"그러하옵니다. 전하."

"하하하하하하. 사실이라고?"

설령 자신이 죽는다 해도 기억은 죽지 않을 것이라고 서기관은 확신했다. 기억이 살아 있는 한 실록은 언제든 다시 씌어질 것이다. 그것이 실록이든 아니든 그것은 상관없다고 서기관은 생각했다.

"그렇다면 비기는 무엇이냐? 그것도 역시 사실이냐?"

"그것은 예언의 형태로 씌어진 것으로 알고 있사옵니다. 아직 일어나지 않은 일을 사실이라고는 할 수 없지 않겠사옵니까."

서기관은 비기야말로 사실이라고 생각했다. 사실 이상이라고 믿고 있었다. 아비의 서신이 주술이었던 것처럼 비기를 처음 본 순간 서기관은 비기의 말이 자신을 휘어잡는 걸 느꼈다. 이미 일어난 일을 기록하는 자가 있다면 아직 일어나지 않은 일을 기록하는 자도 있는 법이다. 미리 기록하는 자의 기록의 연원은 분명 과거에 있다. 과거의 기억들이 모여서 미래의 시간을 이룬다. 미리 기록하는 자는 그 미래의 시간을 기록하는 자이다. 그 예측의 기록은 과거의 기억 때문에 주술의 힘을 얻는다고 서기관은 생각했다.

"실록은 모두 불태워질 것이다."

왕은 정색을 하며 말했다. 왕은 무모하다고 서기관은 생각했다. 책을 태운다고 모든 것이 사라지지는 않을 것이다.

"너는 더 이상 기록하지 않을 것이다. 짐은 더 이상 기록되지 않을 것이다."

"하오나 전하."

서기관은 더 이상 말을 잇지 않았다. 이 이상 말을 뱉는 것이 무의미하다는 것을 서기관은 알고 있었다. 기록하는 자도 기록되는 자도 그 운명을 거스를 수는 없다고 서기관은 생각했다. 왕의 몸부림은 그러므로 헛된 것에 지나지 않는다. 서기관과 왕 사이에 공기들이 팽팽하게 긴장하는 것이 느껴졌다. 이 팽팽한 긴장이 자신을 버티는 힘이었을지도 모른다고 서기관은 생각했다. 팽팽한 긴장 사이로 보이지 않는 끈이 왕과 자신을 연결하고 있다고 서기관은 또 생각했다. 기록하는 자와 기록되는 자는 처음부터 끊으려야 끊을 수 없는 운명으로 묶인 자들 아닌가. 아비는 그 끈을 끊어보려 했던 것인가. 선왕도 아비도 결코 그 단단한 끈을 끊을 수는 없었다. 그 짧은 사이 서기관은 생각들에 골몰했다.

왕은 용상에 앉은 자세를 바로잡았다. 표정에는 아무 감정도 싣지 않았다.

"어의는 들라."

어의가 아기가 싸인 듯한 포대기를 안고 들어왔다. 어의의 낯빛에 핏기가 없었다. 몸은 심하게 떨리고 있었다. 다리가 풀리는지 무릎이 자꾸 굽혀졌다.

"내 너를 믿어서가 아니다. 다만 대소신료들을 더 믿지 못 하겠기 때문이다. 하필이면 내 곁에 지금 너밖에 없기 때문이다."

왕은 서기관을 향해 말했다. 왕의 목소리가 유난히 크게 울려 퍼졌다. 목소리는 편전을 떠돌다가 힘없이 사그라들었다. 왕도 제 운명을 직감한 것이 분명하다. 거스를 수 없는 운명이라는 것을 왕도 알고 있었다. 왕은 마지막 자존심을 지키려 애쓰고 있는 것이라고 서기관은 생각했다.

떨리는 손으로 어의가 포대기를 서기관에게 전해주었다. 서기관을 포대기를 들춰보았다. 아기는 아기인데, 머리가 커다랗게 부풀어 있었다. 부푼 머리는 다 익은 박보다 더 컸다. 서기관은 얼른 포대기를 덮었다.

"그것은 사람의 자식이 아니다. 그것은 내 부덕의 소치도 아니다. 그것은 그저 우연히 생겨난 미물일 뿐이다. 그것은 짐의 치세에 어떤 징조도 되지 못할 것이다. 이 말을 명심하라. 그 어떤 불길한 징조도 되지 못할 것이다. 짐이 말하면 그대로 되는 것이다. 비기도 김안도 모두 잊어라. 짐이 잊으라 하면 잊혀지는 것이다."

왕의 자세는 여전히 꼿꼿했다.

"너는 지금 이 길로 밤을 도와 국경으로 가거라. 가서 쥐도 새도 모르게 그것을 처리하도록 하라. 누구의 눈에 띄어서도 안 되느니라. 다시는 이곳으로 돌아오지 마라. 특히 저자에는 얼씬도 하지 말거라."

왕의 텅 빈 말들이 서기관에게 와닿았다. 왕의 눈동자가 초점을 가누지 못하고 심하게 흔들리고 있었다. 겨우 왕은 무너지지 않고 버티고 있었다.

"예, 전하. 분부대로 거행하겠사옵니다."

서기관은 포대기를 안고 편전을 나왔다. 편전 문이 다 닫히기도 전에 등 뒤에서 어의의 짧은 비명소리가 들렸다. 편전 복도는 피비린내로 숨을 쉴 수가 없었다. 내시와 궁녀들이 모두 복도에 널부러져 있었다. 이어 왕의 통곡소리가 터져 나왔다.

"어찌, 어찌, 어찌……."

서기관은 시체들 사이에 잠시 멈춰섰다.

"눈빛, 저 눈빛들, 말을 보살피라고? 대관절 말이 무엇이냐? 안아, 네 눈빛에 데이겠구나. 안아, 가지 마라. 안아, 안아, 안아."

통곡에 이어 왕의 기괴하고 날카로운 웃음소리가 편전에서 흘러나왔다. 좀처럼 멈출 것 같지 않은 긴 웃음소리였다. 긴 웃음소리가 긴 복도를 따라 서기관에게까지 왔다. 복도에 어둠에 휩싸여 웃음소리 또한 어두웠다. 어두운 왕의 웃음소리가 서기관의 몸을 자꾸 핥았다. 거기까지다. 서기관은 생각했다. 끊을 수 없다면 함께 사라지는 것이다. 이제 시간이 되었다.

복도 끝에 다다라 서기관은 소매에서 두루마리를 꺼냈다. 희미한 등불에 서기관은 그것을 펼쳐보았다. 새로 정서된 비기였다. 서기관은 조용히 등불 아래 두루마리를 내려놓았다. 전에는 없던 10절 부분이 온전히 붙어 있었다.

10 왕비가 이들을 불쌍히 여겨 머리 하나를 무릎 위에 놓고 슬퍼할 것인데 왕비 이날부터 태기 있어 사흘 만에 배가 만삭처럼 부풀 것이로다 이레 만에 자궁을 찢고 태어난 아기는 다 익은 박보다 머리가 큰 아기일 것이니 왕은 그예 몸서리치며 아기를 그만 쥐도 새도 밤도 낮도 모르게 처분하라 이를 것이나 그 아기 저잣거리에 버려져 그 모든 것의 끝이 비로소 시작되리로다[4]

4) 졸시 「분서 4」 부분.

서기관은 궁을 나와 천천히 저자로 걸어갔다. 저자는 깜깜한 어둠 속에 엎드려 있었다. 마지막일지도 모르는 상쾌한 공기를 서기관은 깊이 들이마셨다.

짧은인터뷰

구름극장에서 만났던 뱀소년
이제 어디로 외출하려는가

Q1 형 안녕하세요. 지면에서 더 자주 뵈었는데 오랜만에 인사드리는 것 같네요. 일단 '이달의 시인'으로 선정되신 것을 축하드립니다. 늘 문단 선배로 뵈어왔던 형을 이렇게 대담자로 나서게 되니 괜히 어색하고 민망한데요. 시나 여러 가지에 대한 생각을 나누기 전에, 먼저 모든 인터뷰의 통상 관례인 '근황'에 대해 알고 싶습니다. 요즘 어디서 무엇을 어떻게 하면서 지내셨는지. 육하원칙 안 따르셔도 좋습니다.(웃음)

안녕하세요. 문단 모임에서 마주치긴 했어도 이렇게 가까이서 이렇게 진지한 얘기를 하는 건 처음이지 싶네요. 저도 어색하긴 하네요. 대담자로 나서줘서 고마워요. 후배들과 이런 얘기를 할 기회가 사석에선 좀처럼 없으니 저에겐 꽤 흥미로운 자리가 될 것 같아요. 어디까지가 근황인지는 모르겠지만, 뒤늦게 박사과정에 들어가서 공부하다가 지금은 휴학중이에요. 대학 등 여기저기서 강의하고 있고요. 새로운 일을 모색하고 있는 시기이기도 하지요. 또 하나 중요한 근황은 세 번째 시집을 드디어(?) 준비하고 있다는 점입니다. 그러느라고 근래엔 청탁을 마다하지 않고 받아서 열심히 발표하고 있어요. 물론 마감을 어기는 일이 많긴 하지만요.(웃음)

Q2 저도 마감이라면 만만찮게 잘 어겨요.(웃음) 형은 1998년 『문학동네』 신인상 시부문 「이월」 등 5편의 시가 당선되면서 등단하셨어요. 현재까지 『뱀소년의 외출』(문학동네, 2005)과 『구름극장에서 만나요』(창비, 2008) 등 두 권의 시집을 상재하셨고, 잘 알려진 '불편' 동인 활동은 물론이고, 작가회의를 비롯해 다양한 활동을 통해 문학의 목소리를 사회적 목소리와도 함께 활발하게 진행해오기도 한, 어느덧 등단 15년 차의 중견시인이 되셨습니다. 나이 드셨다고 놀리는 게 절대 아니니 오해하시기 없기.(웃음) 솔직히 형의 습작기에 대한 궁금증도 있지만, 그보다 조금 더 깊은 곳으로 파고들어가고 싶습니

다. 형이 떠올리실 만한, 시에 영향을 준 기억들이 궁금합니다. 비단 습작기뿐만이 아니라 아주 어렸을 때부터 자라던 시절 군데군데 포진해 있는 강한 기억들 있잖아요.

제 시를 출발하게 한 기억의 원형에 대한 질문이로군요. 저는 어려서 19세기에 태어난 분들 사이에서 컸어요. 친가 쪽엔 증조부모가 살아계셨고요. 외가 쪽엔 외조모 두 분이 있었죠. 저희 외할아버지가 큰집으로 양자를 가서 친어머니와 양어머니 두 분을 모셨죠. 진외가 조모, 즉 저희 할머니의 친정어머니도 살아계셨죠. 그분은 100살이 넘게 사셨어요. 그러다 보니 자연스럽게 그분들의 얘기를 들으며 자라게 됐죠. 그런 어린 시절이다 보니 제 또래들하고는 다른 비현실적인 부분이 있었던 것 같아요. 상상이나 되세요? 19세기 사람들이라니.

제가 태어난 집엔 우물이 하나 있었는데, 옹달샘처럼 낮은 우물이었어요. 제가 대학을 들어가서 그 집을 떠나오기 전까지 그 우물이 수도를 대신했는데요, 그 우물엔 뱀도 빠지고 무당개구리도 빠지고 그랬어요. 뱀이 빠지는 날이면 새물이 나올 때까지 어머니가 우물을 퍼냈던 기억이 나네요. 우물과 장독대가 있는 뒤란은 어머니의 공간이었죠. 제 최초의 기억은 그 우물가에서 빨래하던 엄마를 불러 젖을 달라고 한 기억이에요(어머니가 제 아래로 유산을 하시는 바람에 저는 세 살이 다 될 때까지 어머니 젖을 떼지 못했거든요). 검은 머리를 질끈 동여매고 하얀 한복을 입은 어머니는 뒤를 돌아보지도 않고 빨래에 열중하셨어요. 그 기억은 온전히 내가 속할 수는 없다는 이상한 거리감과 함께 그 신비로운 공간에 대한 궁금증이 복합적으로 섞여 있는 느낌이에요.

제가 태어난 마을 앞엔 저수지가 있었어요. 마을 아이들과 어울려 어른들 몰래 저수지 가에서 멱을 감기도 하고, 여름이면 족대를 들고 나가 새우며 물고기도 잡기도 했죠. 여름이 되어 저수지 물이 빠지기 시작하면 우리가 섬이라 부르던 언덕이 서서히 드러나기 시작했는데, 물이 다 빠지면 거기엔 마을이 보였어요. 비록 담은 허물어졌고 지붕도 없었지만, 마을길과 집터, 장독대터며 구들장 같은 것들이 제법 온전히 남아 있었어요. 마을엔 고인돌도 있고 공동우물도 있었죠. 우리는 거기를 놀이터 삼아 물이 다시 차오를 때까지 그곳에서 놀았어요. 고등학교 2학년 때 여름 장마 끝물 즈음이었나, 어느 날 저는 저도 모르게 무언가에 홀린 듯 슬리퍼 하나 끌고 그 질펀한 저수지 바닥을 한나절이나 헤매고 다닌 날이 있었어요. 돌아와선 정말 무엇에 홀린 듯 저도 모르게 알 수도 없는 글을 써내려갔죠. 거기 살던 사람들이 제 몸을 빌려 마치 제 이야기라도 하는 것처럼.

우물이 저 자신의 근원에 관한 풍경이라면, 저수지는 제 밖의 사람들, 그 사람들의 이야기, 역사 같은 것들을 보게 한 풍경이랄 수도 있겠네요. 좀 장황했죠?

Q3 아닙니다, 제가 여쭙고 싶었던 것까지 포함해서 세세하게 알려주셔서 좋은걸요. 이번에는 본격적으로 시 얘기를 해볼까요? 저는 연대기에 오타쿠적인 기질이 있을 만큼 역사를 좋아하는데요. 그러다 보니 형의 두 시집에 대해서도 역사라는 표현을 관련짓게 되더라고요. 첫 시집 『뱀소년의 외출』은 전설과 신화의 현대적인 교차와 번안으로 구술되는 '야사(野史)'에 가깝다면, 두 번째 시집 『구름극장에서 만나요』는 기록으로서의 시를 사초로서의 언어로 빗대면서 불온

성의 마찰열을 기술한 '정사(正史)' 같았습니다. 이러한 두 시집을 지나쳐온 형께 시집마다의 창작 방법론에 대해 듣고 싶어요.

중이 제 머리를 못 깎듯, 시인에게 자신의 시를 평가하거나 자신의 시를 설명하는 것만큼 남감한 일은 없지 않을까 생각해요. 시에서 드러나는 세계관 역시 철저한 사전 기획에 의해 만들어지는 것이 아니라 한 시기 언어가 흘러간 뒤에 사후적으로 만들어지는 것이라는 생각을 하고 있어요. 제게 어떤 방법론이 있다면 그 방법론도 마찬가지겠죠. 다만 제가 얘기할 수 있는 것은 그때의 마음 혹은 마음가짐 정도겠죠.

첫 시집의 시들을 쓸 때 저는 당시 시들에서 쉽게 읽을 수 있는 파라다이스적인 것이나 또 반대로 유토피아적인 것들에 대한 반발감이 있었던 것 같아요. 첫 시집 '시인의 말'에도 제법 길게 얘기하고 있지만, 자연이나 고향 같은 것들이 낙원이라는 가상을 입고 표현되는 것들을 못마땅해했던 것 같아요. 자연이나 고향에서 낙원이 부정되면 더 이상 회귀해야 하거나 회복해야 할 대상이 아니라 혼돈 그 자체죠. 많은 신화나 설화들이 혼돈에서 시작하듯이 저도 저의 기원이 되었던 것의 혼돈을 읽어내려는 작업부터 시작했어요. 첫 시집 시인의 말에서 태몽을 꾸며 쓴다는 말은 그런 말이죠. 그 반대로 세계를 이상화하려는 태도에 대해서도 불만이 있었죠. 위안과 위로의 세계로 현실을 편입시키려는 시도도 역시. 『삼국유사』「기이」편의 사복불언에서 사복이 연화장으로 들어가기 전 그 저잣거리까지가 시라고 생각했어요. 그 진창, 그 모순의 세계 말이죠. 제게 첫 시집의 그로테스크는 그 진창과 모순의 다른 말이죠. 이 역시 혼돈의 세계죠. "존재하고 있는 모든 형태의 파괴와, 새로운 창조에 이어서 등장하는 혼돈으로의 회귀에 따라 우주의 재창조가 가능해진다"는 미르치아 엘리아데의 말을 그때는 몰랐지만, 제 시의 혼돈은 어쩌면 세계의 재창조에 대한 열망이었는지도 모르죠.

두 번째 시집의 시들을 쓸 때는 이 혼돈을 첫 시집보다 가중시키면서도 지금-여기를 의식했던 것 같아요. 역시 시인의 말에서 '바깥' 이야기를 했는데, 제게 바깥은 현재이자 타자가 속한 세계의 현실이었죠. 그것을 만나러 가는 여정이랄까요. 「분서」 연작도 그런 생각에서 써진 것 같아요. 지금-여기에서 시인으로서 나의 말의 정체성은 무엇인가 하는 고민이 「분서」라는 신화적 알레고리를 구축하게 했던 것은 아닌가, 지금 생각해보면 그런 생각이 드네요. 그러나 온전히 바깥을 만나는 일은 불가능하죠. 그러므로 언제나 제 시는 실패의 도정일 수밖에 없어요. 그러나 저는 그 실패의 도정이 결국 지금-여기가 아닌 불가능한 세계에 진입할 수 있는 가장 강력한 무기일 수도 있다는 생각을 해요. 세계를 불가능한 세계 쪽으로 끌고 가는 일이 결국 시가 할 일이라는 생각이죠. 온전히 도달하는 것은 불가능하지만 그 실패를 통해 조금씩 불가능한 세계 쪽으로 가까이 가려고 몸부림치는 것 그것이 제 시가 되었으면 좋겠다고 생각하곤 하죠.

Q4 저는 형의 첫 시집에서 겉표지를 벗긴 상태의 하드커버가 인상적이었어요. 껍데기를 벗겨내면 상아빛의 양장에 뱀 문양의 촉수 같은 것이 연녹색인지 연회색인지 모를 색깔로 차분히 앉아 있는데, 그게 마치 시인이 토해낸 이야기성(性)처럼 느껴졌거든요. 뒤에 적혀

있는 한 구절 "그날 울음도 없는 새들이 날아와 뒤란의 작고 붉은/ 비명들을 쪼아먹었는데"(「헤헤 헤헤헤헤」)에서도 뭔가 '이거야말로 김근적(的) 몽연함·아련함이다'라고 강렬한 인상을 받았고요. 형한테 첫 시집의 인상은 단순히 '정성스러운 구토·토로'가 아닌, 더 색다르고 속 깊은 무엇일 것 같은데, 저는 첫 시집 낸 지 얼마 되지 않은 어린 신인이라서 그런지 이미 세 번째 시집을 준비 중인, 첫 시집에 대한 형의 감회에 대해 알고 싶어요.

"토해낸 이야기성"이란 말 맘에 드는군요. 고마워요. 감회라…… 글쎄요. 첫 시집이 등단한 지 7년 만에 나왔어요. 몸부림치는 7년이었죠. 내가 쓰는 것이 시가 맞나 의심도 수없이 했던 시절이었어요. 도무지 소위 메이저 문예지에서는 관심조차 갖지 않았죠. 그렇게 외로운 시절을 거쳐 시집을 냈으니 기쁘고 뿌듯하기 이를 데 없었죠. 제 시집은 당시 시집을 낸 많은 젊은 시인들 덕분에 대형 서점 젊은 시인 매대에 꽤 여러 달 놓여 있었는데요, 일부러 가끔 그 서점에 보러 가곤 했죠. 독자들의 반응도 궁금해서 인터넷에 시들을 검색해보기도 했어요.(웃음) 첫 시집을 내고 나서야 제 시에 자신감을 좀 얻었다고 할까요. 시단이나 평단의 평가가 문제가 아니라 독자들이 오히려 그들보다 더 잘 저와 소통하고 있다는 느낌을 받았거든요. '김근적'이라고 말씀하셨는데 그 김근적인 것이 독자들에게 인정받고 있다는 사실이 무엇보다 기뻤어요.

평론가 신형철 씨가 어느 글에서 "젊은 시인 중에서 김근은 하나뿐이다"라고 말했을 때, 저는 그 말을 통해 그동안의 시 쓰기에 대한 따뜻한 위로 같은 것을 받았는데요, 동시에 굉장히 쓸쓸하기도 했어요. 첫 시집이 저만의 유일한 언어를 향해 몸부림쳤던 과정을 보여주는 시집이라고 생각되는데, 동세대 시인들의 감각과는 전혀 다르죠. 바로 그 점이 제 언어를 차별화하는 요소로 작용하기도 했지만, 제 언어가 어디에도 속할 수 없는 쓸쓸함 속에 놓이게 되는 이유이기도 했죠. 하지만, 그 쓸쓸함이야 평생 지고 가야 할 짐 같은 거라고 생각해요. 어쩌겠어요? 그게 김근인 걸.

Q5 "그게 김근인 걸"이라니, 머쓱하지만 저도 그런 말할 수 있는 깜냥 좀 되고 싶어요. 참, 두 번째 시집 『구름극장에서 만나요』를 보면

「잠 서기관(書記官)」 같은 시에서도 잘 드러나지만, 「분서」 연작이 특히 눈에 확 들어오잖아요. 역사를 기록하는 자를 화자로 맞추어 시 언어, 혹은 기록 불가능한 세계/대상의 불모성 같은 것들이 적확하게 잘 표현되었다는 기분에 저 개인적으로 그 시집의 4부를 유독 더 즐겁게 읽었던 기억이 있습니다. 또 다분히 연극적이랄까요, 마치 언어의 사극을 지면에 올린 듯한 인상이었거든요. 더군다나 소위 '김근의 화법'으로 치닫는 순간 그 불태워질 책에 기록되었던 '말'들이 굴리고 울리고 하는 것 같았습니다. 정말 거창하면서도 어설픈 질문이지만, 형한테 '말'의 의미는 뭔가요?

「분서」는 내 시의 언어의 정체성에 대해 생각하면서 시작한 연작이죠. 정치적 언어와 비정치적 언어 즉 시적 언어가 충돌하는 하나의 장이었다고 할까요. 사실 모든 언어는 정치라든가 역사에 의해 오염된 말이잖아요. 그 오염으로부터 언어를 구출하려는 것이 시인의 시를 쓰는 목표인 셈이죠. 그러나 애초에 그건 불가능해요. 시인들은 그 불가능하고 무모한 작업을 지금껏 하고 있는 거죠. 원론적으로 얘기하면 그런 무모함과 불가능의 도정에 있는 것이 시적 언어일 텐데, 저 자신의 말 역시도 거기에 속해 있는 셈이죠. 다만, 제 시에서 말은 저 자신의 것이 아닌 것으로 여겨지는 경우가 많아요. 시를 쓰기 전에 어떤 말이 먼저 오는데, 오면, 그 말에게 저는 제 몸을 빌려주는 거죠. 그럼 그 말이 제멋대로 흘러나와요. 그래서 시가 되는 경우가 잦죠. 그럴 때 저는 그 말을 사는[生]거죠. 그 말을 살기가 갈수록 힘들어지긴 해요. 몸과 마음이 여간 소진되는 일이 아니거든요. 그래도 앞으로도 쭉 저는 말을 살 수밖에 없을 거라는 걸 알아요. 한데 그 말은 한 사람의 말만 아니라 여러 사람의 말이기도 하고요, 또 사물들의 말이기도 한데, 저는 그게 꼭 저를 둘러싼 세계가 회복하려는 말, 혹은 하고 싶은 말을 제 몸을 빌려 하고 있다는 생각이 들곤 해요. 연극적이라고 느꼈던 것들은 그 말의 주인들이 가진 극적인 힘 때문이었지 않았을까 생각도 드네요.

Q6 동인 활동을 하고 계신 형께 꼭 질문드리고 싶었습니다. 동인 활동에서 오는 생각이 있을 것 같은데요. 사실 불편 동인 선배님들이 다들 일선에서 많이 활약해오셨고 그 자체로도 워낙 유명하지만

요. 동인 활동을 하면서 얻게 되는 것이 있고 잃게 되는 것이 있을 것 같습니다. 저는 동인에 들어간 지 얼마 되지 않은 상태라서 동인 활동을 한다는 것을 잘 모르는 듯합니다. 그렇게 서로 어깨동무해서 지내는 것도 시인으로서의 동료애 같은 걸 키우는 일일 텐데, 형께서 그간 느껴온 동인 활동의 일장일단이 궁금합니다.

동인을 시작하게 된 건 외로움 때문이었죠. 말했다시피 시단이 제 시에 관심이 없을 때, 뭐 지금도 그리 관심이 있는 것 같진 않지만,(웃음) 지금보다 더 관심이 없을 때, 그런 외로운 사람들끼리 모여 동인을 하자 해서 만든 게 불편이었어요. 물론 당시 우리 시에 대한 문제의식을 공유한 게 먼저죠. 특정한 경향의 시만 읽히고 있는 현실에서 우리 시가 어떤 힘을 발휘할 수 있을까 그런 고민을 나누기도 했어요.

처음에 이영주 시인과 의기투합해서 안현미 시인에게 제안해 세 명이서 김민정, 장이지, 김중일 시인을 끌어들였죠. 김경주, 하재연 시인은 그 뒤에 함께하게 됐고요. 처음 3년 동안 2주에 한번씩 모여 시합평을 했어요. 그 3년 동안 저는 한번도 빠진 적이 없고 한번도 시를 가져가지 않은 적이 없어요. 동인활동을 열심히 했다기보다는 유일하게 동인만이 당시 제 문학의 버팀목이었다고 할 수 있죠. 각자 첫 시집들을 내면서 자연스럽게 합평은 그만두게 되었고 모임도 한달에 한번 모이는 것으로 바뀌어 갔지만, 저 말고 다른 동인들도 그 시절 우리가 나누었던 열정만은 잊을 수 없으리라 생각해요. 그 시절이 저한테는 동인 활동의 장점이라면 장점이라고 말할 수 있겠죠.

처음에 선배들은 문학적 성향이 다른 시인들이 어떻게 함께 동인을 할 수 있냐고 의아해하기도 했고, 선언이 없는 동인이 무슨 동인이냐고 비판하기도 했죠. 그러나 그게 바로 저희 동인의 정체성이었어요. 각자의 시적 스펙트럼을 존중하고 결코 서로에게 영향을 주고받지 않는 것. 그래서 딱히 단점이랄 만한 것도 없어요, 제겐. 이제 동인으로서보다는 각자의 작업으로 훨씬 바쁘게들 살고 있지만, 요즘은 가끔 만나 그렇게들 살고 있는 것들을 서로 점검(?)하는 정도이지만, 생체적으로 혹은 문학적으로 함께 나이 들어가는 동료가 있다는 것도 그리 나쁘지 않은 것 같아요.

Q7 세 번째 시집을 준비하고 계시잖아요. 특히 최근 『한국문학』 2013년 가을호에서 본 바로는, 조재룡 선생도 지적하셨다시피 시인으로서의 존재론적인 탐색이 지속되고 있다고 보였습니다. 다만 저는 개인적으로 그러한 존재론적인 탐색이라면 지난 두 번째 시집에서 형께서 펼쳐놓으신 바가 오히려 더 강렬했고, 지금은 형님 스스로 그 탐색의 결과물로서 답안을 하는, 자문자답을 완성하는 타이밍이 아닌가 싶었어요. 제가 자꾸 질문에서 평론 쓰려고 하는 것 같네요.(웃음) 그러면, 이제까지의 궤적으로 미루어볼 때 당연히 세 번째 시집에서도 변화가 있겠지만, 세 번째 시집의 모양새는 어떨 것 같아요? 요즈음의 시 쓰기는 어떠한 방식으로 하고 있는지, 형의 이야기를 들으면 다음 시집을 가늠할 수 있을 듯합니다.

어떨까요?(웃음) 사실 요즘 시집 원고를 정리하고 있는 중이에요. 두 번째 시집을 낸 게 2008년이니까 5년 동안 지금 정리하고 있는 시들을 써온 셈이네요. 그 5년 동안 다른 일로 바쁘기도 했고 슬럼프도 있었어요. 어느 해는 달랑 3편 발표한 해도 있더라고요. 세계에 대한 언어에 대한 여러 고민들도 있었죠. 그러나 또 한번 제가 어떻게 실패하는지 그 과정이 적나라하게 보여질 것이란 것만큼은 확실해요. 정리가 끝나봐야 세 번째 시집이 보여줄 세계에 대해 좀더 정확하게 말할 수 있겠지만, 살펴보니, 현실의 문제에 대해 알레고리적으로 접근한 시들이 있는가 하면 나를 둘러싼 지금-여기의 대상이나 타자, 그들이 속한 세계, 혹은 나 자신을 텍스트화해 여러 각도로, 여러 목소리로 접근해보는 시들도 있고 그렇더라고요. 어떤 세계가 분명 있겠는데, 그건 어디까지나 사후적이어서, 순서를 배치하고 여러 시를 묶고 빼고 하고 난 뒤에는 지금 제가 말한 것과는 전혀 다르게 읽힐 가능성도 없지 않아요. '자문자답'을 완성하는 타이밍을 말씀하셨는데, 완성이란 결국 없다고 생각해요. 즉, 답할 수 있는 것 말이죠. 그것이 세계에 대해서건, 나 자신에 대해서든, 언어에 대해서건. 결국 시란 영원히 질문의 방식일 테고, 저 역시 또 다른 질문으로 미끄러질 수밖에 없는 운명을 살고 있는 거죠. 다만, 얼마나 잘 미끄러져 새로운 질문을 이번 시집에서 던질 수 있는가가 관건일 텐데, 제가 여기 이 자리에서 자신만만한 태도를 취하든 혹은 부끄러워하며 겸손한 태도를 취하든 결국 제가 한 질문이

완성되는 것은 독자들에게서일 테니, 역시 조금쯤의 기대를 하며 잠자코 기다리는 수밖에요.

Q8 형의 시에서 빛을 발하는 역사성이나 구술성 같은 것들로 미루어 짐작해온 것인데요. 형이 작가회의나 다른 활동들을 통해 사회적인 목소리를 내는 데에 적극적이신 만큼, 시 바깥에서 시의 힘이랄지 혹은 시가 아닌 힘이랄지 하는 것들을 발휘하는 데에도 진력할 의지나 의도가 있을 것만 같습니다. 형이 꿈꾸고 계신 어떤 시의 경계 바깥에 해당하는 활동이나 계획에 대해 알고 싶습니다.

한국작가회의에서 활동하게 된 건 제 시의 어떤 뿌리가 1980년대 현실참여의 문학, 즉 민족문학이랄지 민중문학에 바탕을 두고 있기 때문이죠. 습작기에 그 선배들의 시를 열심히 읽은 탓도 있고 현실에 대해 대응하고 발언해야 할 때 목소리를 함께할 단체나 조직이 필요했던 것도 사실이고요. 사무처장은 제겐 일종의 의무복무 같은 것이었어요. 선배들의 요구가 있었고 동료들도 반대하지 않았고 저 자신도 어차피 한 번 해야 하는 일이면 지금 하자, 생각했던 거죠. 그런데, 쉽진 않았죠. 4대강 사업이니 강정해군기지 문제 등 이명박 정부의 여러 문제가 한꺼번에 드러날 때였으니까요. 지금은 딱히 계획이랄 건 없어요. 어떤 필요가 있다고 느껴질 때 저는 또 움직이겠죠.

시인은, 저는 세계 혹은 현실에 가장 민감한 촉수를 들이대고 있는 존재라는 생각이 들어요. 그러니 당연하게도 현실에 대해 민감하게 반응하는 존재이기도 하겠죠. 그러나 저는 문학 외의 활동이나 발언을 할 때도 시인은 시인다워야 한다는 생각을 해요. 물론 쉽진 않겠지만, 자신의 시적 언어로 발언하고 활동해야 한다는 생각이 있죠. 따라서 시민단체와는 갈 길이 다르죠. 왜냐하면 시인의 언어는 눈앞의 변화나 눈앞의 목표를 향하지 않기 때문이죠. 앞서도 말했지만 시인의 언어는 불가능한 세계를 향하죠. 그러나 그런 현실의 문제들에 대해 시민단체와 함께 어떤 활동을 할 때 종종 현장에서는 시인들이 동원되는 느낌이 들기도 해요. 시인의 언어가 도구로 전락하는 순간이죠. 시는 연약하기 그지없는 언어이기 때문에 그렇게 쉽게 전락하기도 하고 그만큼 쉽게 상처받기도 쉬어요. 정치적 현실에서 가장 비정치적인 언어야말로 가장 강력한 언어라는 생각은 들지만 그 비정치성을 유지하는 일이 쉽진 않은 것 같아요. 진은영 시인 말대로 시민으로서가 아닌 시인으로서 그 현실의 문제에 참여하는 일은 그래서 늘 고민이에요.

Q9 그 고민, 저도 스스로에게 거듭 묻게 되는 그런 질문인 것 같습니다. 같잖은 질문이 많아서 괜히 막바지에 이르러서야 민망해지고 면구스러워집니다.(웃음) 마지막으로 한번 더 민망해질게요. 시인이기에 앞서 인간이기에, 더 근본적으로 여쭙고 싶은 게 있습니다. 앞으로 어떤 인간으로 살아가고 싶으신가요? 시와 무관하게 말씀해주셔도 좋을 것 같습니다.

아름다운 사람이 되고 싶어요. 아름답게 나이 들어가는 모습이었으면 좋겠어요. 제가 존경하는 선배들처럼.

Q10 이미 아름다운 귀감을 이행하는 중이시잖아요. 부럽고 감사한 일입니다. 어설픈 질문들에 귀 기울이고 현답을 주셔서 감사합니다.

아름다운 혼잡속으로

— 시집 『에게서 에게로』 김근 시인과의 미니 인터뷰

Q1 이번 시집은 『끝을 시작하기』 이후 3년 만에 출간하는 다섯 번째 시집이지요? 이번 시집은 문학동네 시인선의 2024년을 마무리하는 시집이 되어 편집부에도 뜻깊은 시집이에요. 출간 소감을 듣고 싶습니다.

올해로 제가 등단한 지 25년째입니다. 25라는 숫자에 특별한 의미는 없지만, 제가 등단하고 첫 시집을 출간했던 문학동네에서 25년을 마무리하는 시집을 내게 된 것은 의미가 남다르네요. 녹록지 않았던 저의 문학적 여정에 대해 격려받고 위로받는 느낌이랄까요. 이 격려와 위로를 바탕으로 다시 새로운 출발을 할 수 있을 것 같은 기분이 들어요.

Q2 시집의 제목을 '에게서 에게로'로 결정하실 때 이 제목이 시집을 가장 잘 아우르는 제목인 것 같다고 말씀해주신 게 기억나요. 이 시를 표제작으로 삼은 이유를 독자분들께 살짝 공유해주시면 어떨까 합니다.

사실 「에게서 에게로」를 쓸 때 다음 시집은 이 제목으로 하면 좋겠다고 막연히 생각했던 것 같아요. 표제작이 이 시집을 대표한다고 꼭은 말할 수 없겠지만 한 편의 시 제목이 시집 제목이 되었을 때는 그 의미의 위상이 달라진다고 생각해요. 시집 제목이어서 이 제목이 붙은 시의 의미도 다르게 읽힐 가능성도 있어요. 이번 시집에서 발화의 주체와 대상이 확정되지 않는 일이 자주 일어난다고 생각하는데, 체언을 생략한 채 어떤 이행(移行) 그 자체만 지시하는 이 조사들이 이 시집의 그런 특성을 드러내주기에 적확하다고 '나중에' 생각하게 되었습니다. 시집을 묶고 시집의 제목을 붙이면서 사후(事後)적으로 의미가 발생하는 걸 지켜보는 일은 늘 재미있는 일이지요.

Q3 시집을 편집하면서 '빛과 어둠'이 고루 등장하는 시집이라는 인상을 받았어요. 어두운 골목이나 방이 시의 배경이 되기도 하고 시의 화자가 어쩐지 으스스한 말을 내뱉는 시들이 많아서 자칫 어두운 느낌의 시집이라고 느낄 수도 있겠지만, "아니요, 여기 반짝이는 시간에 머물고 싶어요"(「윤슬」 부분) 같은 시구들을 보면 시집 전체에서 빛과 어둠이 은근히 조화를 이룬다는 생각이 들기도 했습니다. 시를 쓰실 때 이런 균형을 의도하시는 것인지 궁금합니다.

'빛'이거나 '어둠'을 의식하고 시를 쓰지는 않았던 것 같아요. 굳이 얘기하자만, 제 말들은 빛에서 어둠으로든 어둠에서 빛으로든 그 사이에 가고 있는 모양으로 있고 싶은 것 아닐까 해요. 편집자님께서 '빛과 어둠의 균형'을 읽어내셨다면 제 시집의 첫 독자로서 제 시를 나름대로 완성하신 결과가 아닌가 합니다. 시를 쓰고 나서 독자들에게 갔을 때는 저는 더 이상 의미의 주재자가 아니라고 생각합니다. 언제나 저는 독자들이 제 시에 적극적으로 참여하면서 각자의 방식으로 시를 완성해나가길 바라요. 이 시집이 하나의 의미가 아니라 독자들의 참신한 읽기에 의해서 수많은 의미의 가지를 뻗으며 커다란 의미의 수관(樹冠)을 이루면 좋겠다고 생각하곤 하지요.

Q4 「희끗,」이나 「자줏빛 심장에 대고」 같은 시에서는 동일한 시어를 여러 번 반복해 마치 화자가 말을 더듬고 있거나 중요한 말을 상기하듯 계속 읊조린다는 느낌을 받았어요. 이렇게 반복되는 시어들을 어떻게 받아들일지 고민하는 독자분들도 있을 듯한데, 이런 시들을 읽는 선생님만의 독법을 제시해주실 수 있을까요?

일단 의미를 생각하지 말고 소리를 내서 읽어보시길 권해드려요. 자신만의 목소리로 읽어 가면서 맥락 없는 반복들과 비문법적인 말들이 만들어내는 언어의 무늬를 우선 느껴보시면 어떨까요. 그 무늬들이 불러일으키는 자기 안의 정서들이 어떤 것들인지 감각해보시면 어떨까요. 의미는 모르겠지만 그때 어떤 울림이 있다면 그건 이미 시가 당신의 몸에 스며든 걸 거예요. 의미는 거기서부터 새롭게 구성되기 시작할 겁니다.

Q5 마지막으로, 『에게서 에게로』와 함께 올해를 마무리할 독자분들에게 인사를 건네주세요.

이 겨울 거리에서 더 이상 외롭거나 춥지 않았습니다. 그래서 울었습니다. 거리에 나온 사람들뿐 아니라 거리 바깥의 사람들과 무수히 연결되고 있다는 느낌을 받았습니다. 국경을 넘어서까지 보이지 않는 관계를 맺고 있다는 실감을 하게 될 줄은 몰랐어요. 20대 때 거리에 나서면 무섭고 외로웠거든요. 우리는 고립되었고 돌아오는 건 국가의 폭력과 비난뿐이었습니다. 어쩌면 이 시집 제목에서 체언의 자리는 그 무수한 당신들의 색색의 불빛을 위해 비워 놓은 건 아닌가 생각했습니다. 제 시가 그 무수한 연결과 관계들 속으로, 그 아름다운 혼잡 속으로 들어갈 수 있으면 좋겠다고 생각했어요. 부디 따뜻하고 안전한 세밑을 보내셨으면 좋겠어요. 부디 내년에는 당신들의 일상이 이전과는 다른 시간의 빛깔로 반짝일 수 있으면 좋겠어요.